Impressum
Verlag: BABADADA GmbH, Nedderfeld 112 , 22529 Hamburg
Geschäftsführer / Verlagsleitung: Harald Hof
Druck: Books on Demand GmbH, In de Tarpen 42, 22848 Norderstedt

Imprint
Publisher: BABADADA GmbH, Nedderfeld 112 , 22529 Hamburg, Germany
Managing Director / Publishing direction: Harald Hof
Print: Books on Demand GmbH, In de Tarpen 42, 22848 Norderstedt

koulu
សាលារៀន

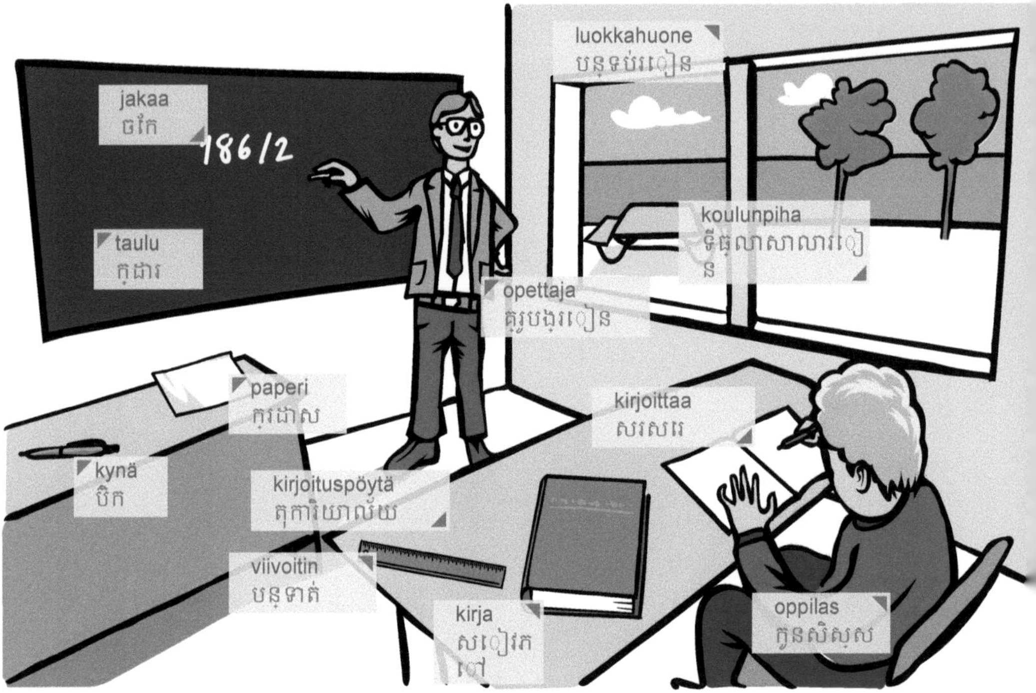

luokkahuone
បន្ទប់រៀន
jakaa
ចែក
186/2
taulu
ក្ដារ
koulunpiha
ទីធ្លាសាលារៀន
opettaja
គ្រូបង្រៀន
paperi
ក្រដាស
kirjoittaa
សរសេរ
kynä
ប៊ិក
kirjoituspöytä
តុការិយាល័យ
viivoitin
បន្ទាត់
kirja
សៀវភៅ
oppilas
កូនសិស្ស

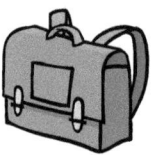

reppu
សម្ពៀតស្បែក

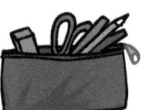

penaali
ប្រអប់ដាក់ខ្មៅដៃ

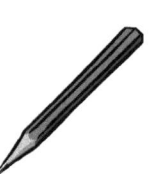

lyijykynä
ខ្មៅដៃ

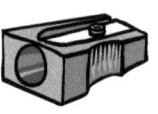

kynänteroitin
ប្រដាប់ខួងខ្មៅដៃ

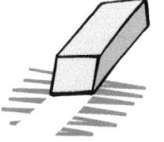

pyyhekumi
ជ័រលុប

piirustuslehtiö
ផ្ទាំងគំនូរ

piirustus

គំនូរ

pensseli

ជក់គូរ

vesivärit

បុរអប់ថ្នាំលាប

sakset

កន្ត្រៃ

liima

ការបិទ

harjoituskirja

សៀវភៅលំហាត់

kotitehtävä

កិច្ចការផ្ទះ

12

luku

លេខ

2+2

lisätä

បូក

5-2

vähentää

ដក

2×2

kertoa

គុណ

laskea

គណនា

A

kirjain

លិខិត

ABCDEFG HIJKLMN OPQRSTU VWXYZ

aakkoset

អក្ខរក្រម

hello

sana

ពាក្យ

teksti

អត្ថបទ

lukea

អាន

liitu

ដីស

oppitunti

មេរៀន

opettajan muistikirja

ចុះឈ្មោះ

koe

ការប្រលង

todistus

វិញ្ញាបនបត្រ

koulupuku

ឯកសណ្ឋានសាលា

koulutus

ការអប់រំ

sanakirja

សព្វវចនាធិប្បាយ

yliopisto

សាកលវិទ្យាល័យ

mikroskooppi

មីក្រូទស្សន៍

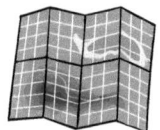

kartta

ផែនទី

roskakori

កន្ត្រករដាក់សំរាមក្រដាស

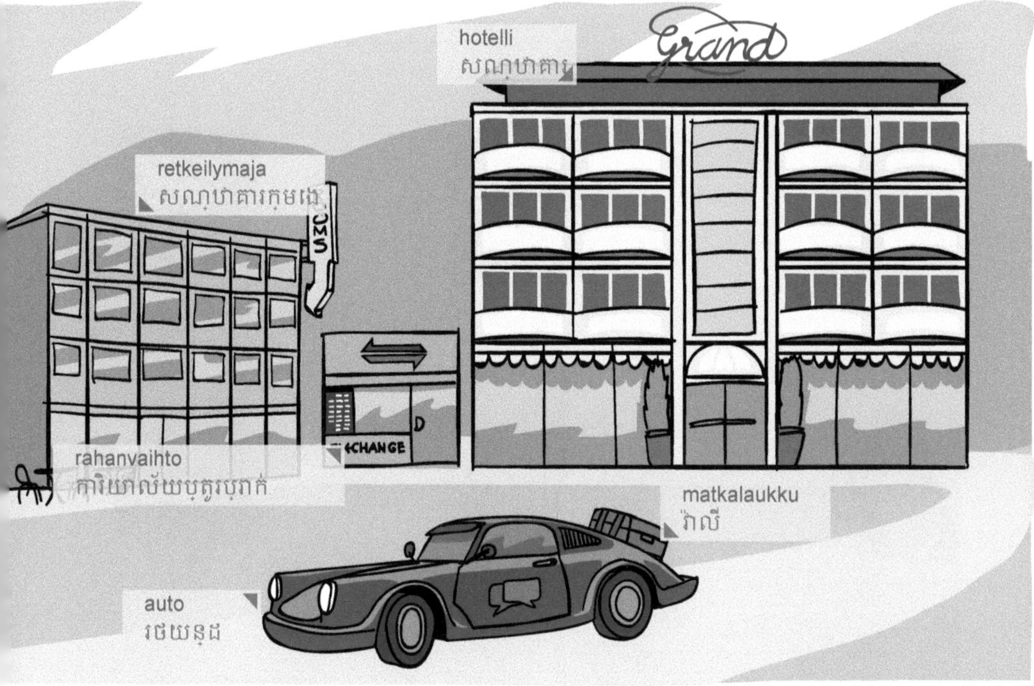
Grand
hotelli
សណ្ឋាគារ
retkeilymaja
សណ្ឋាគារក្មេង
rahanvaihto
ការិយាល័យប្តូរប្រាក់
CHANGE
matkalaukku
វ៉ាលី
auto
រថយន្ត

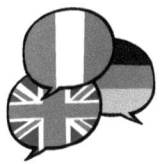

kieli

ភាសា

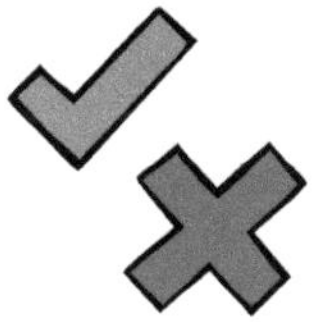

kyllä / ei

បាទ / ទេ

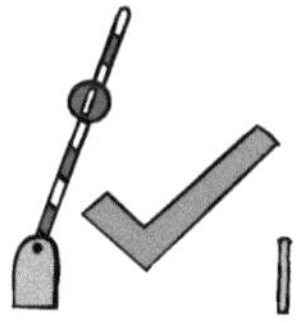

selvä

យល់ព្រម

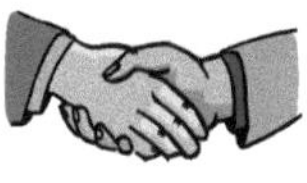

hei

សាយ័ន្តសួស្តី!

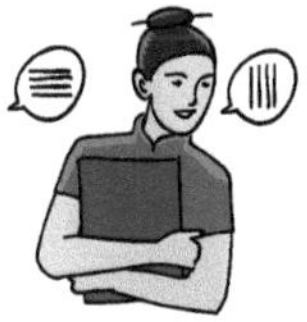

tulkki

អ្នកបកប្រែ

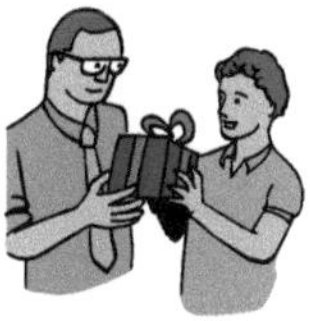

kiitos

សូមអរគុណ

Paljonko...maksaa?

ចូលប៉ុន្មាន... ?

en ymmärrä

ខ្ញុំមិនយល់

ongelma

បញ្ហា

Hyvää iltaa!

ទិវាសួស្តី!

Hyvää huomenta!

អរុណសួស្តី

Hyvää yötä!

រាត្រីសួស្តី!

näkemiin

លាហើយ

suunta

ទិសដៅ

matkatavarat

អីវ៉ាន់

laukku

កាបូប

reppu

កាបូបស្ពាយកុរេាយ

vieras

ភ្ញៀវ

huone

បន្ទប់

makuupussi

ថង់ដេក

teltta

តង់

turisti-info

ព័ត៌មានទេសចរណ៍

ranta

ឆ្នេរ

luottokortti

កាតឥណទាន

aamupala

អាហារពេលព្រឹក

lounas

អាហារថ្ងៃត្រង់

päivällinen

អាហារពេលល្ងាច

matkalippu

សំបុត្រ

hissi

ជណ្តើរយោនុយន្ត

postimerkki

តែម

raja

ព្រំដែន

tulli

គយ

suurlähetystö

ស្ថានទូត

viisumi

ទិដ្ឋាការ

passi

លិខិតឆ្លងដែន

kuljetus

ការដឹកជញ្ជូន

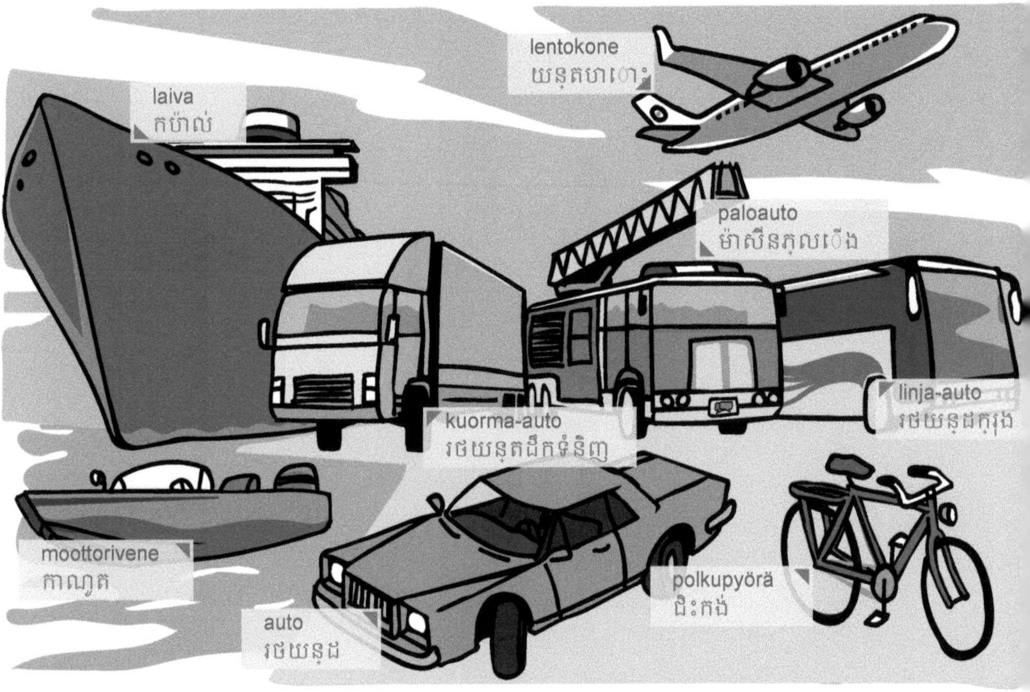

lentokone
យន្តហោះ
laiva
កប៉ាល់
paloauto
ម៉ាស៊ីនភ្លើង
kuorma-auto
រថយន្តដឹកទំនិញ
linja-auto
រថយន្តក្រុង
moottorivene
កាណូត
polkupyörä
ជិះកង់
auto
រថយន្ត

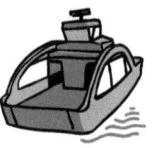

lautta

សាឡាង

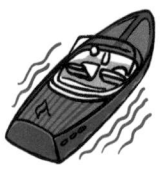

vene

ទូក

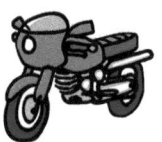

moottoripyörä

ម៉ូតូ

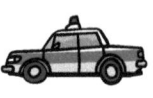

poliisiauto

រថយន្តប៉ូលិស

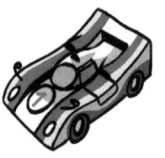

kilpa-auto

រថយន្តប្រណាំង

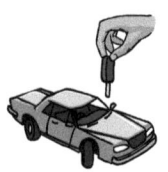

vuokra-auto

រថយន្តជួល

car sharing

ការចែករំលែករថយន្ត

hinausauto

ឡានសុទូច

roska-auto

ឡានបុម្មូលសំរាម

moottori

ម៉ូតូ

polttoaine

បុរេងឥន្ធន:

huoltoasema

សុថានីយបុរេង

liikennemerkki

សុលាកសញ្ញាចរាចរណ៍

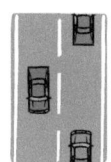

liikenne

ការធ្វេរ៉េចាចរណ៍

ruuhka

កកសុទ:ចរាចរណ៍

parkkipaikka

ចំណត

rautatieasema

សុថានីយរថភ្លេលៃ៍ង

raiteet

ផ្លូវដៃកៃ

juna

រថភ្លេលៃ៍ង

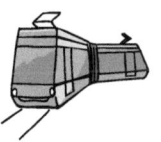

raitiovaunu

រថអគ្គីសនី

vaunu

ទូររថភ្លេលៃ៍ង

helikopteri

ឧទ្ធម្ភាគចក្រ

lentokenttä

ពុរលានយន្តហាេោះ

lähilennonjohto

ប៉ម

matkustaja

អ្នកដំណាេើរ

kontti

កុងតីន័រ

pahvilaatikko

ករដាសកាតុង

kärryt

រទេះ

kori

កញ្ចប់

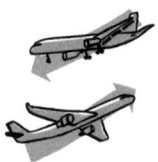

nousta / laskea

ហាេោះឡេ្ើង / ចុះ

kylä

ភូមិ

keskusta

កណ្តាលទីក្រុង

talo

ផ្ទះ

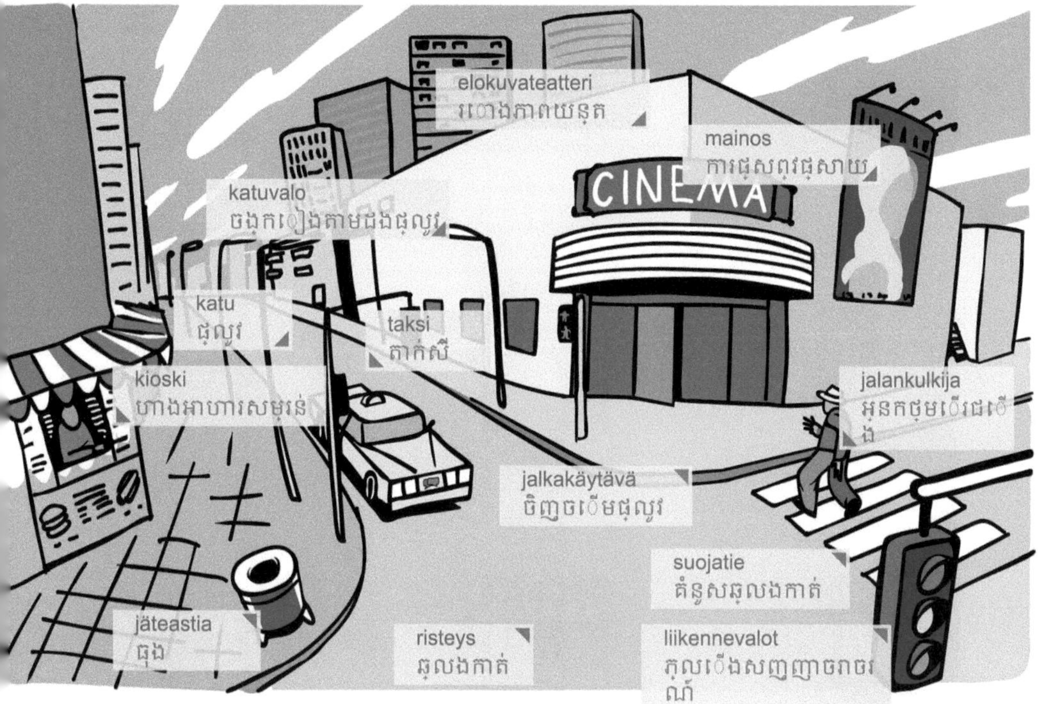

elokuvateatteri
រោងភាពយន្ត

mainos
ការផ្សព្វផ្សាយ

katuvalo
ចង្កៀងតាមដងផ្លូវ

katu
ផ្លូវ

taksi
តាក់ស៊ី

kioski
ហាងអាហារសម្រន់

jalankulkija
អ្នកឆ្លងកាត់ផ្លូវថ្មើរ
ជើង

jalkakäytävä
ចិញ្ចើមថ្នល់ផ្លូវ

suojatie
គំនូសឆ្លងកាត់

jäteastia
ធុង

risteys
ផ្លូវបំបែក

liikennevalot
ភ្លើងសញ្ញាចរាចរ
ណ៍

mökki
ខ្ទម

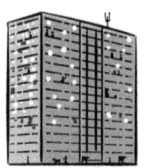

kerrostalo
ផ្ទះល្វែង

rautatieasema
ស្ថានីយរថភ្លើង

kaupungintalo
សាលាក្រុង

museo
សារមន្ទីរ

koulu
សាលារៀន

yliopisto
សាកលវិទ្យាល័យ

pankki
ធនាគារ

sairaala
មន្ទីរពេទ្យ

hotelli
សណ្ឋាគារ

apteekki
ឱសថស្ថាន

toimisto
ការិយាល័យ

kirjakauppa
ហាងលក់សៀវភៅ

liike
ហាង

kukkakauppa
ហាងផ្កា

supermarketti
ផ្សារទំនើប

tori
ទីផ្សារ

tavaratalo
ហាងទំនិញ

kalakauppias
ហាងលក់ត្រី

ostoskeskus
មជ្ឈមណ្ឌលផ្សារទំនើប

satama
កំពង់ផែ

puisto

ឧទ្យាន

penkki

បង្គ

silta

ស្ពាន

portaat

ជណ្តើរ

metro

ផ្លូវក្រោមដី

tunneli

ផ្លូវរូងក្រោមដី

linja-autopysäkki

ចំណតរថយន្តក្រុង

baari

បារ

ravintola

ភោជនីយដ្ឋាន

postilaatikko

ប្រអប់សំបុត្រ

katukyltti

សញ្ញាតាមដងផ្លូវ

parkkimittari

ឧបករណ៍ប្រមូលថ្លៃចំណត

eläintarha

សួនសត្វ

uimala

អាងហែលទឹក

moskeija

វិហារអ៊ីស្លាម

maatila

កសិដ្ឋាន

ympäristön saastuminen

ការបំពុល

hautausmaa

វាលកប់ខ្មោច

kirkko

ព្រះវិហារ

leikkikenttä

គូរឿងអីលកុមងែលង

temppeli

បុរសាទ

maisema

ទេសភាព

lehti
ស្លឹក

tienviitta
សញ្ញាមុរាប់ទិសដៅ

tie
ផ្លូវ

niitty
វាលស្មៅ

kivi
ដុំថ្ម

puu
ដើមឈើ

retkeilijä
អ្នកឲ្យេងភ្នំ

joki
ទន្លេ

kukka
ផ្កា

ruoho
ស្មៅ

laakso

ជ្រលងភ្នំ

vuori

កូនភ្នំ

järvi

បឹង

metsä

ព្រៃឈើ

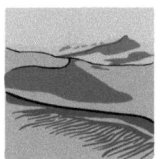

aavikko

វាលខ្សាច់

tulivuori

ភ្នំភ្លើង

linna

តហោក្របី

sateenkaari

ឥន្ទធនូ

sieni

ផ្សិត

palmu

ដើមត្នោត

hyttynen

មូស

kärpänen

រុយ

muurahainen

ស្រមោច

mehiläinen

សត្វឃ្មុំ

hämähäkki

ពីងពាង

maisema - ទេសភាព   15

kovakuoriainen

សត្វកញ្ចៃ

sammakko

កង្កែប

orava

កំប្រុក

siili

សត្វកាំបុរមា

jänis

ទន្សាយស្លីក

pöllö

សត្វទីទុយ

lintu

បក្សី

joutsen

ហង្ស

villisika

ជ្រូក

peura

សត្វក្តាន់

hirvi

សត្វក្តាន់

pato

ទំនប់

tuulimylly

កង្ហារខ្យល់

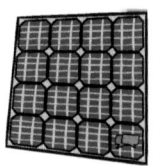

aurinkopaneeli

បន្ទះស្សឡា

ilmasto

អាកាសធាតុ

ravintola
ភោជនីយដ្ឋាន

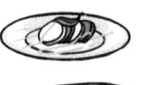

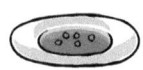

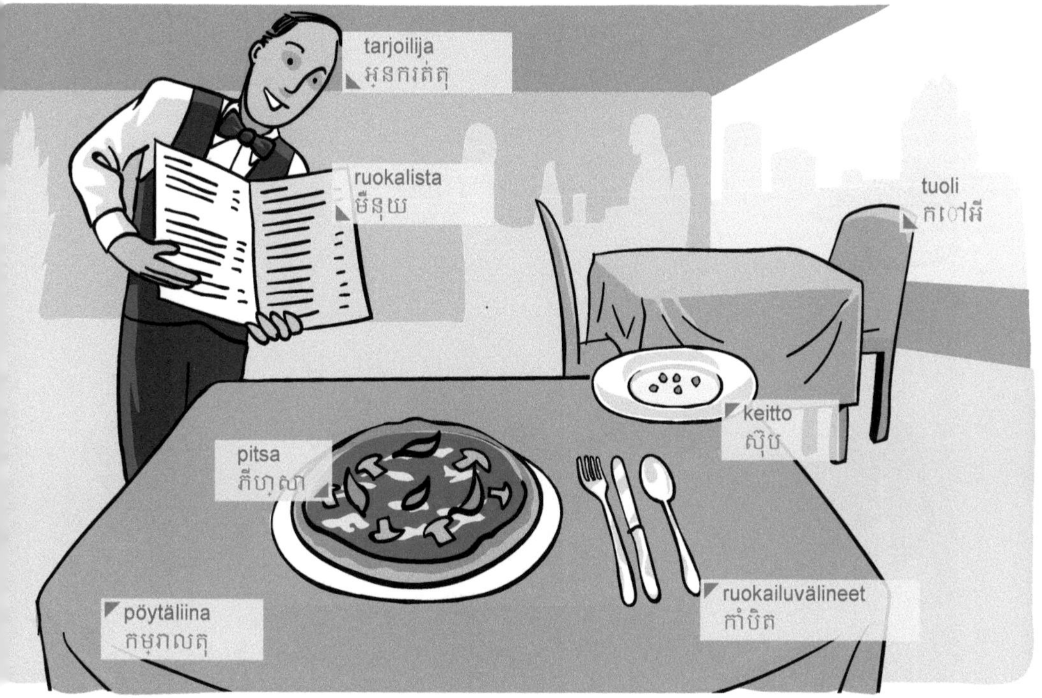

tarjoilija
អ្នករត់តុ
ruokalista
ម៉ឺនុយ
tuoli
កៅអី
keitto
ស៊ុប
pitsa
ភីហ្សា
ruokailuvälineet
កាំបិត
pöytäliina
កម្រាលតុ

alkuruoka
អាហារសម្រន់

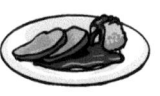

pääruoka
អាហារសំខាន់

jälkiruoka
បង្អែម

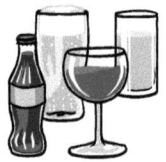

juomat
ភេសជ្ជៈ

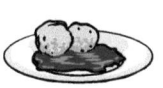

ruoka
អាហារ

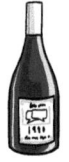

pullo
ដប

pikaruoka

អាហារហ័ស

katuruoka

អាហារតាមផ្លូវ

teekannu

ប៉ាន់តែ

sokeriastia

 បួរអប់ស្ករ

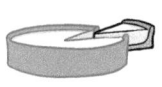

annos

ចំណែក

espressokeitin

ម៉ាស៊ីនឆុងកាហ្វេអ៊ិចស្ព្រេ
ស្ស

syöttötuoli

កៅអីខ្ពស់

lasku

វិក្កយបត្រ

tarjotin

ថាស

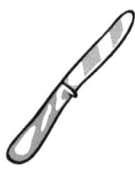

veitsi

កាំបិត

haarukka

សម

lusikka

ស្លាបព្រា

teelusikka

ស្លាបព្រាកាហ្វេ

servietti

កន្សែងជូតខ្លួន

lasi

កែវ

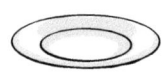

lautanen

ចានទាប

syvä lautanen

ចានស៊ុប

aluslautanen

ចានទុរនាប់

kastike

ទឹកជ្រលក់

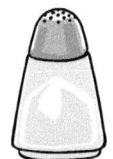

suolasirotin

ដបអំបិល

pippurimylly

បុរដាប់កិនម្រេច

etikka

ទឹកខ្មេះ

öljy

បុររង

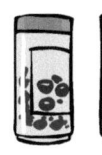

mausteet

គ្រឿងទេស

ketsuppi

ទឹកប៉េងប៉ោះ

sinappi

ម៉ូតាក

majoneesi

ទឹកមយ៉ោណេ

supermarketti
ផ្សារទំនើប

tarjous
ការផ្តល់ជូនពិសេស
FOR
asiakas
អតិថិជន
maitotuotteet
ទឹកដោះគោ
hedelmät
ផ្លែឈើ
ostoskärryt
រទេះរុញ

BUTCHERS

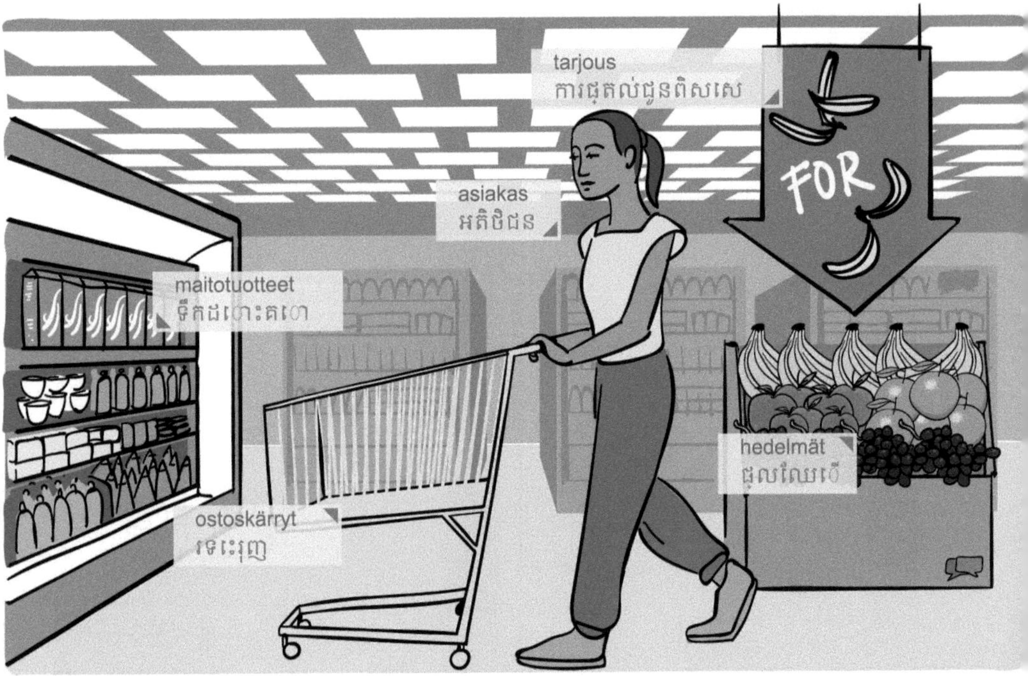

teurastamo
ហាងកាប់ជ្រូក

BAKERY

leipomo
ហាងដុតនំ

punnita
ថ្លឹង

kasvikset
បន្លែ

liha
សាច់

pakasteet
អាហារក្លាស្សេរ

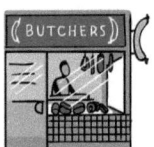

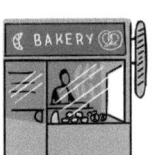

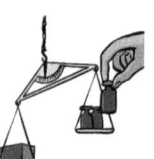

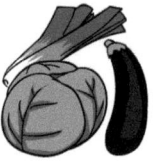

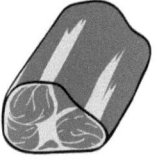

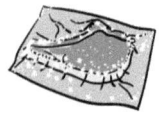

leikkele
សាច់កុលាសរ

säilykkeet
អាហារកំប៉ុង

pesujauhe
មុសៅលោង

makeiset
សុអរគ្រាប់

kotitaloustarvikkeet
ផលិតផលក្នុងគ្រួសារ

puhdistusaineet
ផលិតផលសម្អាត

myyjä
អ្នកលក់

kassa
ថតដាក់លុយ

kassanhoitaja
បេឡា

ostoslista
បញ្ជីទិញទំនិញ

aukioloajat
ម៉ោងធ្វើការ

lompakko
កាបូបលុយបុរស

luottokortti
កាតឥណទាន

kassi
ថង់

muovipussi
ថង់ប្លាស្ទិច

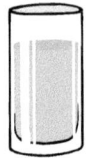

vesi
ទឹក

mehu
ទឹកផ្លែឈើ

maito
ទឹកដោះគោ

kokis
កូកាកូឡា

viini
ស្រា

olut
ស្រាបៀរ

alkoholi
គ្រឿងស្រវឹង

kaakao
កាកាវ

tee
តែ

kahvi
កាហ្វេ

espresso
កាហ្វេអិចស្ព្រេសសូ

cappuccino
កាហ្វេកាពូឈីណូ

banaani

ចេក

omena

ផ្លែប៉ោម

appelsiini

ផ្លែក្រូច

meloni

ឪឡឹក

sitruuna

ក្រូចឆ្មា

porkkana

ការ៉ុត

valkosipuli

ខ្ទឹម

bambu

ប្រស៊ី

sipuli

ខ្ទឹមហាវ៉ាង

sieni

ផ្សិត

pähkinät

គ្រាប់ផ្លែឈើ

spagetti

ម៉ី

spagetti

ម៉ីអ៊ីតាលី

riisi

ហាយ

salaatti

សាឡាត់

ranskalaiset

ដំឡូងចៀន

paistetut perunat

ដំឡូងចៀន

pitsa

ភីហ្សា

hampurilainen

ប៊ីហ្គឺ

voileipä

សាំងវិច

leike

សាច់ជាប់ឆ្អឹងជំនី

kinkku

ហាំ

salami

សាឡាមី

makkara

សាច់ក្រក

kana

សាច់មាន់

paisti

អាំង

kala

ត្រី

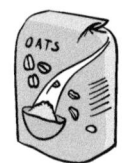

kaurahiutaleet

អាវ៉ែនបបរ

mysli

មុឃ្យីស្លី

murot

ដំឡូងចំណិត

jauho

មុសៅ

voisarvi

នំគ្រួសង់

sämpylä

នំបុ័ងមុយ៉ាងមូលតូចៗ

leipä

នំបុ័ង

paahtoleipä

អាំង

keksit

នំប៊ីស្គីត៍

voi

ប័រ

rahka

ទឹកដោះខាប់

kakku

នំខេក

kananmuna

ស៊ុត

paistettu kananmuna

ស៊ុតចៀន

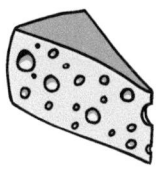

juusto

ឈីស

jäätelö

ការ៉េម

sokeri

ស្ករ

hunaja

ទឹកឃ្មុំ

hillo

ជំណាប់

suklaapähkinälevite

ក្រមែតាំងម៉ៃ

curry

ការ៉ី

maatila
ផ្ទះក្នុងកសិដ្ឋាន

lato; liiteri
ជង្រុក

heinäpaali
ខ្សែចែងចម្បើង

pelto
វាលស្រែ

hevonen
សេះ

peräkärry
រថសណ្ដ
ពោង

varsa
កូនសេះ

traktori
ត្រាក់ទ័រ

aasi
សត្វលា

karitsa
កូនចៀម

lammas
សត្វចៀម

vuohi
ពពែ

lehmä
គោញី

vasikka
កូនគោ

sika
ជ្រូក

porsas
កូនជ្រូក

sonni
គោឈ្មោលមគោល

hanhi

សត្វក្ងាន

ankka

ទា

tipu

កូនមាន់

kana

មមោន់

kukko

មាន់ឈ្មោល

rotta

កណ្តុរ

kissa

ឆ្មា

hiiri

កណ្តុរបុ្រមៈ

härkä

គោឈ្មោល

koira

ឆ្កែ

koirankoppi

ផ្ទះឆ្កែ

puutarhaletku

ទុយោទឹក

kastelukannu

ធុងស្រោចទឹក

viikate

ខ្សែបក

aura

នង្គ័ល

sirppi

កណ្ដៅរៀវ

kuokka

ចបកាប់

talikko

រនាស់

kirves

ពូថៅ

kottikärryt

រទេះរុញ

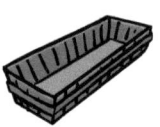

kaukalo

ស្នូក

maitokannu

កំប៉ុងទឹកដោះគោ

säkki

ហាវ

aita

របង

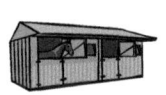

talli

កូរពោល

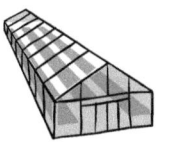

kasvihuone

ផ្ទះកញ្ចក់

maa

ដី

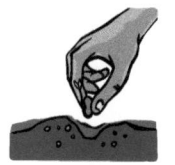

siemen

គ្រាប់ពូជ

lannoite

ជី

leikkuupuimuri

ម៉ាស៊ីនបុរមូលផល

kerätä sato

ប្រមូលផល

sato

ការប្រមូលផល

jamssit

ដំឡូងជួក

vehnä

ស្រូវសាលី

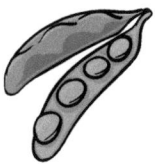

soija

សណ្ដែកសៀង

peruna

ដំឡូងជួក

maissi

ពោត

rypsi

គ្រាប់ប្ររង៉ែវៃ

hedelmäpuu

ដើមឈើហ្វូបផ្លវៃ

maniokki

ដំឡូងមី

vilja

ធញ្ញជាតិ

maatila - កសិដ្ឋាន

talo
ផ្ទះ

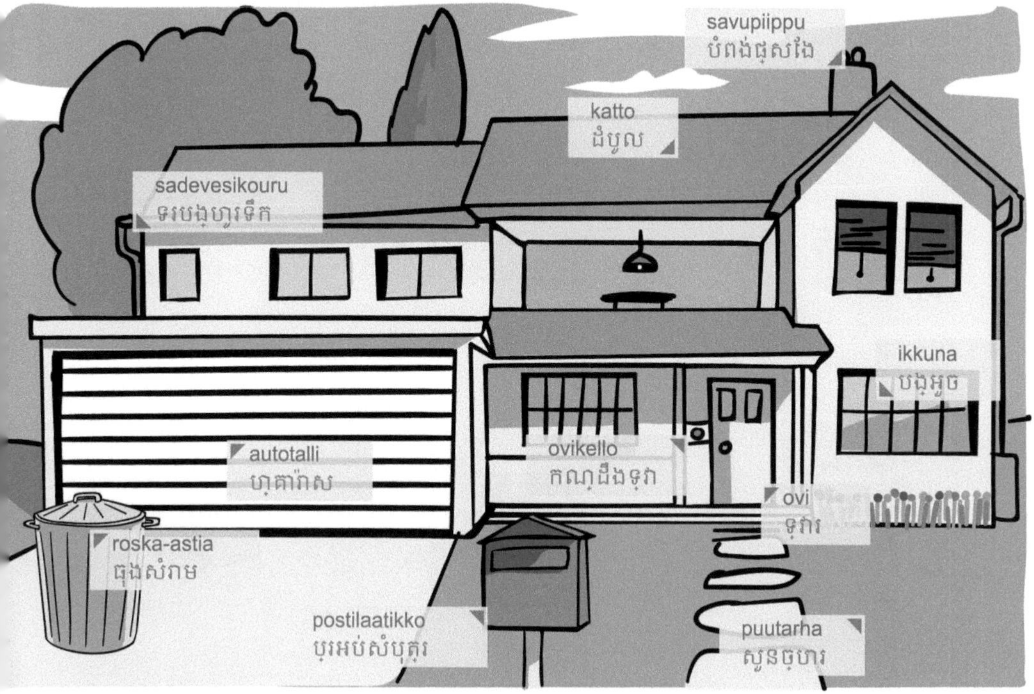

savupiippu
បំពង់ផ្សែង

katto
ដំបូល

sadevesikouru
ទរបង្ហូរហ្ហូរទឹក

ikkuna
បង្អួច

autotalli
ហ្គារ៉ាស

ovikello
កណ្ដឹងទ្វា

ovi
ទ្វារ

roska-astia
ធុងសំរាម

postilaatikko
ប្រអប់សំបុត្រ

puutarha
សួនច្បារ

olohuone
បន្ទប់ទទួលភ្ញៀវ

kylpyhuone
បន្ទប់ទឹក

keittiö
ផ្ទះបាយ

makuuhuone
បន្ទប់គេង

lastenhuone
បន្ទប់របស់កុមារ

ruokahuone
បន្ទប់ទទួលទានអាហារ

talo - ផ្ទះ   31

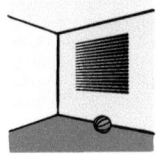

lattia

ជាន់

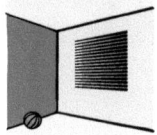

seinä

ជញ្ជាំង

katto

ពិដាន

kellari

បន្ទប់ក្រោមដី

sauna

សូណា

parveke

យ៉័រ

terassi

ផ្ទៃវៃបសុមរើនទៅដមរាល
ក្នុំ

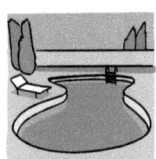

uima-allas

អាងហាលែទឹក

ruohonleikkuri

ម៉ាស៊ីនកាត់សុមទៅ

lakana

សន្លឹក

päiväpeitto

កម្រាលគ្រវៃកេ

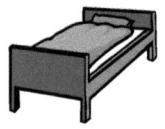

sänky

គ្រវៃ

harja

អំបោស

ämpäri

ធុង

katkaisin

កុងតាក់

olohuone
បន្ទប់ទទួលភ្ញៀវ

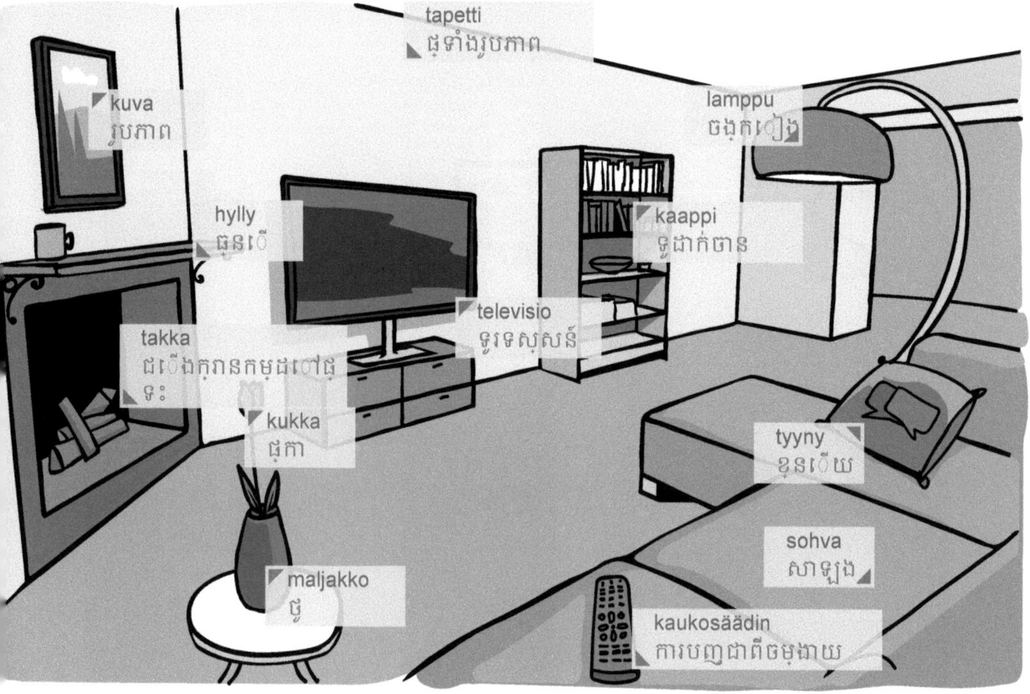

tapetti
ផ្ទាំងរូបភាព
kuva
រូបភាព
lamppu
ចង្កៀង
hylly
ធ្នើ
kaappi
ទូដាក់ចាន
televisio
ទូរទស្សន៍
takka
ជើងក្រានកម្ដៅផ្ទះ
kukka
ផ្កា
tyyny
ខ្នើយ
sohva
សាឡុង
maljakko
ថូ
kaukosäädin
ការបញ្ជាពីចម្ងាយ

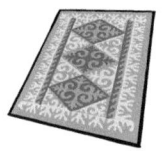

matto
កម្រាលព្រំ

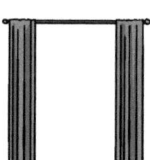

verho
វាំងនន

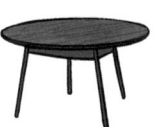

pöytä
តុ

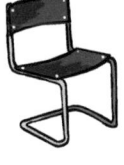

tuoli
កៅអី

keinutuoli
កៅអីប៉ាក់ប៉ើក

nojatuoli
កៅអីភ្នាក់ដៃ

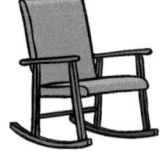

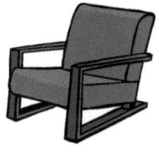

kirja

សៀវភៅ

peitto

ភួយ

koriste

ការតុបតែង

polttopuut

អុសដុត

elokuva

ខុសវិភាពយន្ត

stereot

ឧបករណ៍ Hi-Fi

avain

កូនសោ

sanomalehti

កាសែត

maalaus

គំនូរ

juliste

ផ្ទាំងរូបភាព

radio

វិទ្យុ

muistivihko

ណូតជគេ

pölynimuri

ម៉ាស៊ីនបូមធូលី

kaktus

ដំបងយក្ស

kynttilä

ទ_ៀន

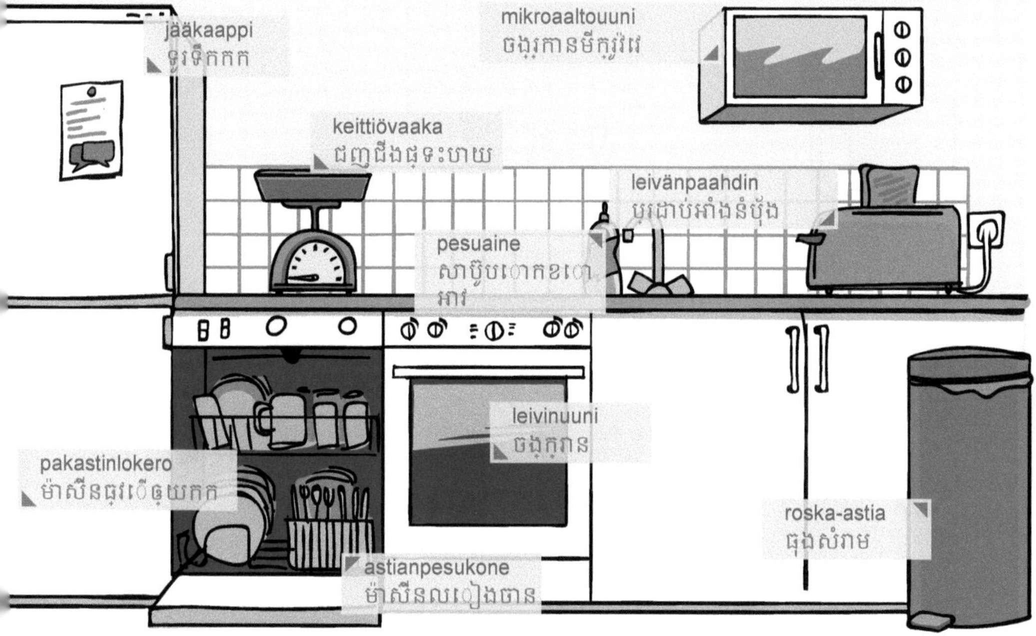

jääkaappi
ទូរទឹកកក

mikroaaltouuni
ចង្ក្រានមីក្រូវែវ

keittiövaaka
ជញ្ជីងផ្ទះទឹកបាយ

leivänpaahdin
ម៉ាស៊ីនអាំងនំប៉័ង

pesuaine
សាប៊ូបោកខោអាវ

leivinuuni
ចង្ក្រាន

pakastinlokero
ម៉ាស៊ីនធ្វើទឹកកក

roska-astia
ធុងសំរាម

astianpesukone
ម៉ាស៊ីនលាងចាន

liesi

ចង្ក្រាន

kattila

ឆ្នាំង

rautapata

ឆ្នាំងដៃ

vokkipannu / kadai-pannu

ខ្ទះ / ខ្ទះឥណ្ឌា

paistinpannu

ខ្ទះ

teepannu

កំសៀវ

höyrykeitin

ឥ្តនាំងចំហុយ

uunipelti

ថាសដុតនំ

astiat

គ្រឿងចានឥ្តនាំងជី

muki

ថ្វ

kulho

ចានគោម

syömäpuikot

ចង្កឹះ

kauha

វែកសមុល

paistinlasta

វែកគ្រ

vispilä

ប្រដាប់វាយក្រឡុក

siivilä

តម្រង

siivilä

កន្ត្រង

raastin

ប្រដាប់កោសដួង

mortteli

គ្រុហាល់

grilli

ការអាំងសាច់

avotuli

ចង្ក្រានចំហា

leikkuulauta
ជម្រៀ

kaulin
បុរដោប់កិនម្សៅ

korkinavaaja
បុរដោប់ម្សៅរបេីកឆ្នុកសុរា

purkki
កំប៉ុង

purkinavaaja
បុរដោប់បេីកកំប៉ុង

pannulappu
កុរណាត់ទ្រាប់ឆ្នាំង

lavuaari
កន្លែងលាងចាន

tiskiharja
ជក់

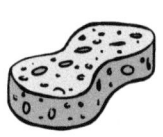

pesusieni
អប៉ុង

tehosekoitin
ម៉ាស៊ីនកូរឡូក

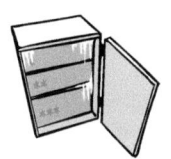

pakastin
ទូរទឹកកកខ្នាតតូច

tuttipullo
ដបទឹកដោះគោ

vesihana
រូបីណា

kylpyhuone
បន្ទប់ទឹក

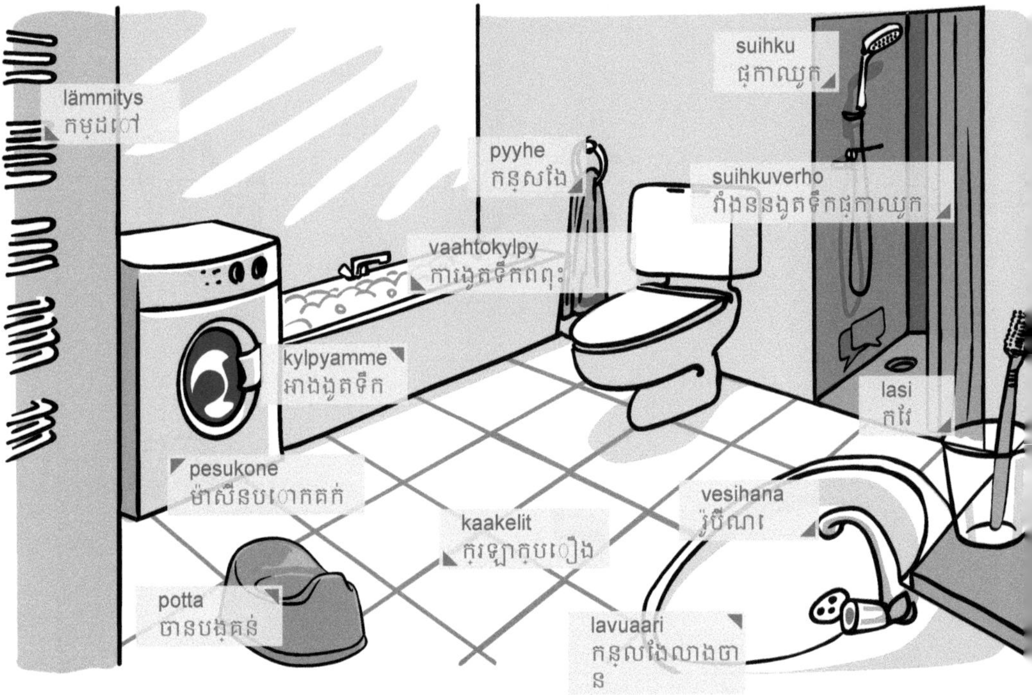

lämmitys
កម្ដៅ
pyyhe
កន្សែង
suihku
ផ្កាឈូក
suihkuverho
វាំងននងូតទឹកផ្កាឈូក
vaahtokylpy
ការងូតទឹកពពុះ
kylpyamme
អាងងូតទឹក
lasi
កែវ
pesukone
ម៉ាស៊ីនបោកគក់
vesihana
រ៉ូប៊ីណេ
kaakelit
ក្រឡាក្បឿង
potta
ចានបង្គន់
lavuaari
កន្លែងលាងចាន

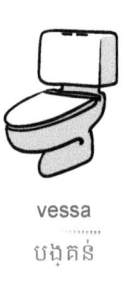

vessa
បង្គន់

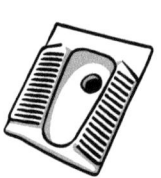

kyykkyvessa
បង្គន់អង្គុយ

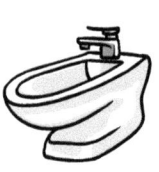

bidee
ផើងផអុរះកាយ

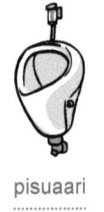

pisuaari
ក្លាំទឹកនោម

vessapaperi
ក្រដាសបង្គន់

vessaharja
ច្រាសដុសបង្គន់ន

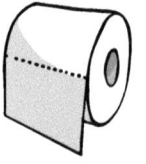

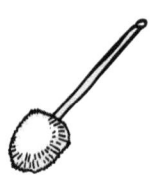

hammasharja
ច្រាសដុសធ្មេញ

hammastahna
ថ្នាំដុសធ្មេញ

hammaslanka
ខ្សែទៅក់សម្អាតធ្មេញ

pestä
លាង

käsisuihku
បូរដោប់ដាក់ដៃផ្កាឈូក

intiimisuihku
ទឹកថ្នាំសម្រាប់ហាញ់លាង

pesuvati
អាង

selkäharja
ច្រាសដុសខ្នង

saippua
សាប៊ូ

suihkugeeli
ជែលសម្រាប់ងូតទឹកផ្កាឈូក

shampoo
សាប៊ូ

pesulappu
សកុលាត

viemäri
បំពង់បង្ហូរទឹក

voide
ក្រម៉ែ

deodorantti
ថ្នាំបំហាត់ក្លិនអាក្រក់

peili	käsipeili	partaveitsi
កញ្ចក់	កញ្ចក់ដៃ	ប្រដាប់កោរ

partavaahto	partavesi	kampa
ហ្វូមកោរពុកមាត់	ទឹកលាងក្រោយកោរពុកមាត់រួច	កូរស

harja	hiustenkuivaaja	hiuslakka
ជក់	ប្រដាប់សម្ងួតសក់	ស្ព្រាយហាញ់សក់

meikki	huulipuna	kynsilakka
ការតុបតែងមុខ	កូរមែលាបមាត់	ថ្នាំលាបក្រចក

pumpuli	kynsisakset	hajuvesi
រោមកប្បាស	កន្ត្រៃកាត់ក្រចក	ទឹកអប់

kosmetiikkalaukku

កាបូបបបោកតកំ

jakkara

លាមក

vaaka

ជញ្ជីងថ្លឹងទម្ងន់

kylpytakki

អាវពាក់ងូតទឹក

kumihansikkaat

ស្រោមដៃពៅស្ប្

tamponi

ឆ្នុក

terveysside

កន្សែងអនាម័យ

kemiallinen wc

បង្គន់គីមី

lastenhuone

បន្ទប់របស់កុមារ

herätyskello
នាឡិការោទ៍
pehmolelu
ប្រដាប់ក្មេងអោបលេង
leikkiauto
រថយន្តក្មេងលេង
helistin
ប្រដាប់អង្រន់លេង
nukkekoti
ផ្ទះកូនក្រមុំជ័រ
lahja
អំណោយ

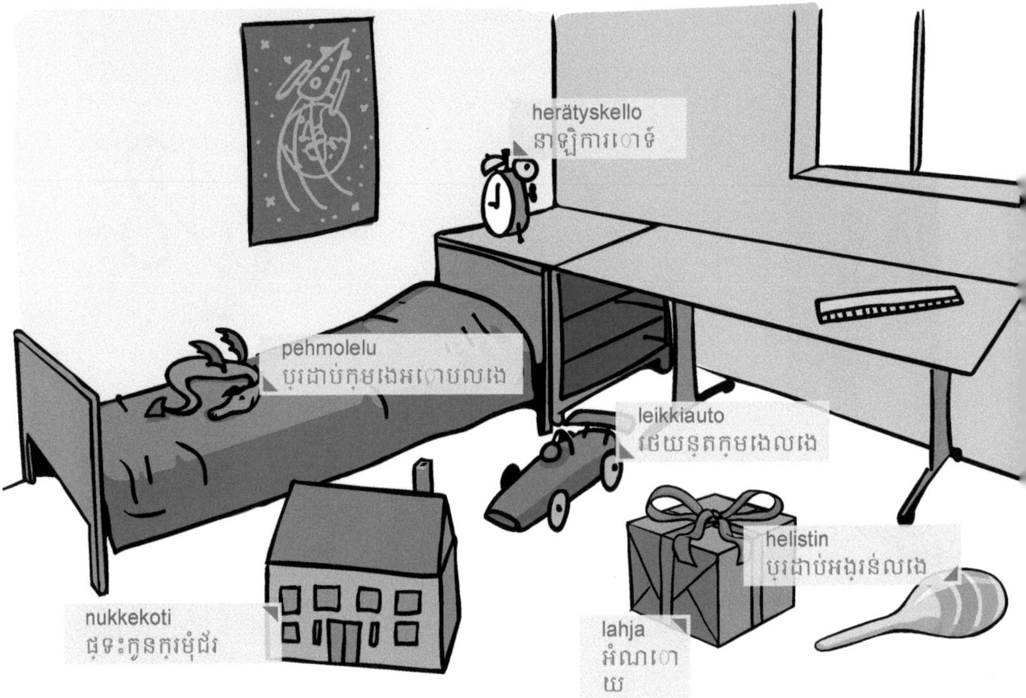

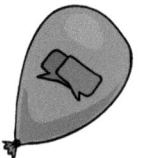

ilmapallo

ប៉េងប៉ោង

sänky

គ្រែ

lastenvaunut

រទេះរុញទារក

korttipeli

ហ៊្វបៀ

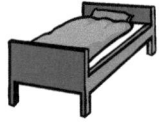

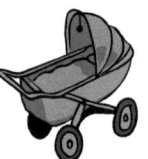

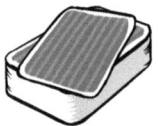

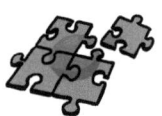

palapeli

រូបផ្គុំ

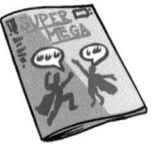

sarjakuva

កំប្លែង

legopalikat

ឥដ្ឋប្លុក Lego

rakennuspalikat

បុល្កកប្ររាប់ក្មេងលេង

supersankari

គ្លួលខេសកម្មភាព

potkupuku

ខោអាវទារក

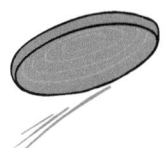

frisbee

ការគប់ចាស

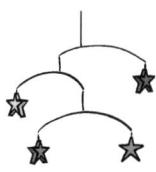

mobile

ទូរសព្ទទូដៃ

lautapeli

ក្តារលុបដៃ

noppa

គុរាប់ឡុកឡាក់

pienoisjunarata

ឈុតរថភ្លើងគំរូ

tutti

រូបសំណាក

juhlat

គណបក្ស

kuvakirja

សៀវភៅរូបភាព

pallo

ហាល់

nukke

ក្នុងក្រុមុំតុក្កតា

leikkiä

លេង

hiekkalaatikko
ណ្ណេដៅខ្សាច់

keinu
ទ្រេង

lelut
ប្រដាប់ក្មេងលេងៗ

pelikonsoli
កុងស្ទូលវីដេអូហ្គេម

kolmipyörä
កង់បីចក្ររយានយន្ត

nalle
តុក្កតាខ្លាឃ្មុំ

vaatekaappi
ទូខោអាវ

---

vaatteet
សម្លៀកបំពាក់

sukat
ស្រោមជើង

nylonsukat
ស្រោមជើងវែង

sukkahousut
ខោទ្រនាប់នារី

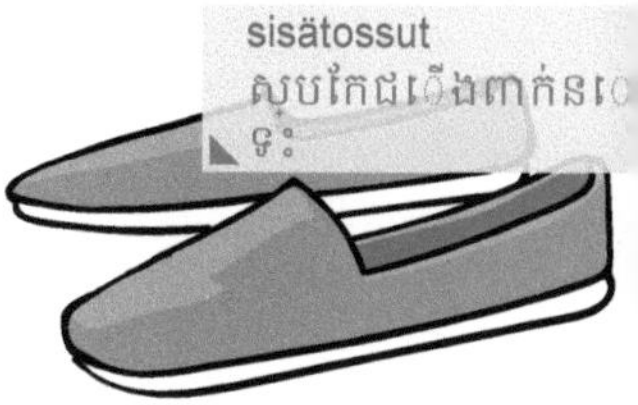

kaulaliina
កូរម៉ា

sateenvarjo
ឆត្រ

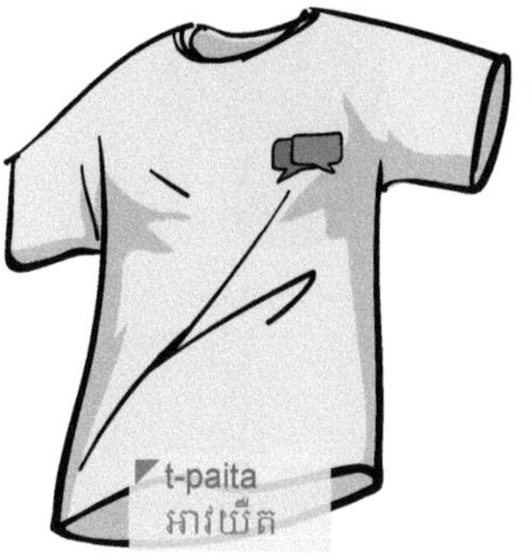

t-paita
អាវយឺត

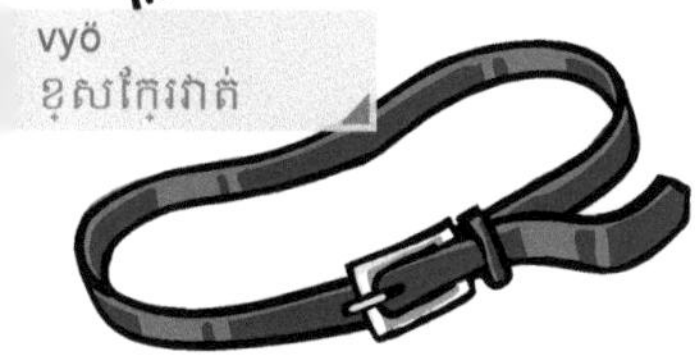

vyö
ខ្សែក្រវ៉ាត់

saappaat
ស្បែកជើងវែងករ៉

sisätossut
ស្បែកជើងពាក់ន
ផ្ទះ

lenkkarit
ស្បែកជើងហាតា

sandaalit
ស្បែកជើងសង្វែក

kengät
ស្បែកជើង

kumisaappaat
ស្បែកជើងករវៃងកៅស៊ូ

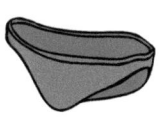

alushousut
ខោទុយនាប់បុរស

rintaliivit
អាវទុយនាប់

aluspaita
អាវកាក់

body

វាងកាយ

housut

ខោវៃង

farkut

ខោខូវបិយ

hame

សំពត់

pusero

អាវក្រុវៅ

paita

អាវ

villapaita

អាវយឺត

collegepaita

អាវយឺត

jakku

អាវធំ

takki

អាវក្រុវៅ

takki

អាវធំ

sadetakki

អាវភ្លៀងវៀង

puku

គុរវៀងតវៃង

mekko

អាវរវៃង

hääpuku

សំលវៀកបំពាក់អាពាហ៍ពិពា
ហ៍

puku

ខោអាវឈុត

yöpaita

រូបរគ្គរី

pyjama

ឈុតគេង

shari

សារី

päähuivi

កន្សែងជូតកុបាល

turbaani

ឆ្នួត

burka

សុបម៉ែខ

kaftaani

kaftan

abaya

abaya

uimapuku

ឈុតហាលែទឹក

uimahousut

ខោទេខុលី

shortsit

ខោទេខុលី

verkkarit

ឈុតហាត់កីឡា

esiliina

អាវអេប្រៀម

käsineet

ស្រោមដៃ

nappi

ឡូរអាវ

silmälasit

វ៉ែនតា

rannekoru

ខ្សែដៃ

kaulakoru

ខ្សែក

sormus

ចិញ្ចៀន

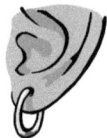

korvakoru

កុរវិល

lippalakki

មួក

ripustin

បុរដោប់ពួយអាវកុររៅ

hattu

មួក

solmio

ក្រវាត់ក

vetoketju

រូត

kypärä

មួកសុវត្ថិភាព

henkselit

ខ្សែវ៉ៃ

koulupuku

ឯកសណ្ឋានសាលា

univormu

ឯកសណ្ឋាន

ruokalappu

អៀមទារក

tutti

រូបសំណាក

vaippa

ខោទឹកនោម

toimisto
ការិយាល័យ

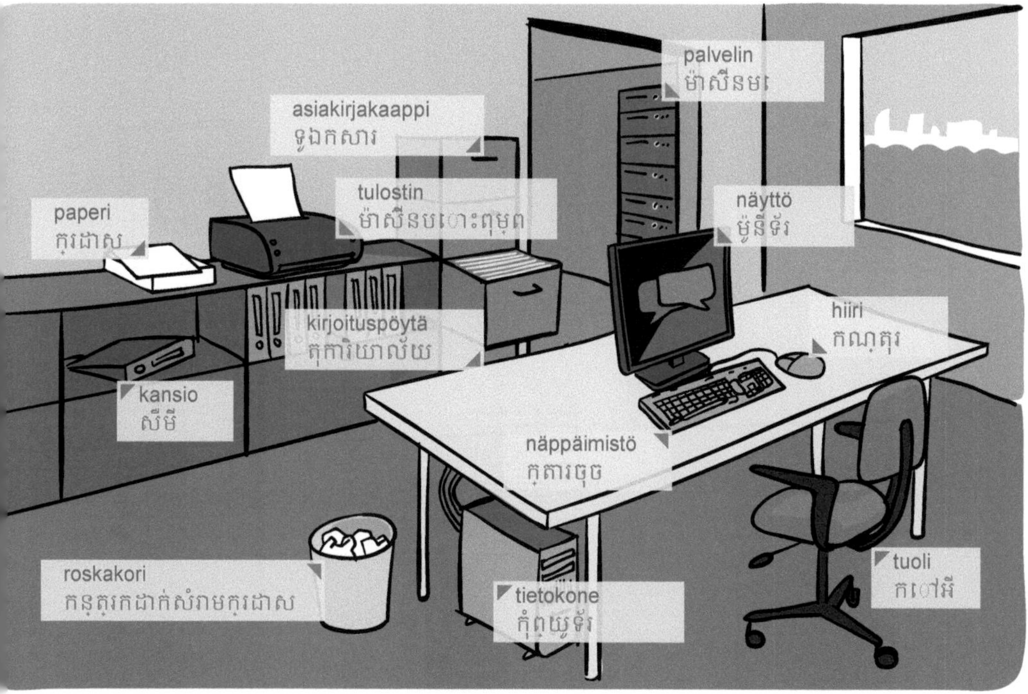

palvelin
ម៉ាស៊ីនមេ

asiakirjakaappi
ទូឯកសារ

paperi
ក្រដាស

tulostin
ម៉ាស៊ីនបោះពុម្ព

näyttö
ម៉ូនីទ័រ

kirjoituspöytä
តុការិយាល័យ

hiiri
កណ្ដុរ

kansio
សឹម

näppäimistö
ក្ដារចុច

roskakori
កន្ត្រកដាក់សំរាមក្រដាស

tietokone
កុំព្យូទ័រ

tuoli
កៅអី

kahvimuki

កវែកាហ្វេ

taskulaskin

ម៉ាស៊ីនគិតលេខ

internet

អ៊ីនធឺណិត

kannettava tietokone

កុំព្យូទ័រយួរដៃ

kirje

លិខិត

viesti

សារ

kännykkä

ទូរស័ព្ទដៃ

verkko

បណ្ដាញ

kopiokone

ម៉ាស៊ីនថតចម្លង

ohjelmisto

សូហ្វវែរ

puhelin

ទូរស័ព្ទ

pistorasia

រន្ធជជោត

faksi

ម៉ាស៊ីនទូរសារ

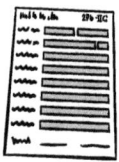

lomake

ទម្រង់បែបបទ

asiakirja

ឯកសារ

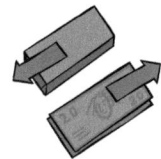

ostaa

ទិញ

maksaa

បង់ប្រាក់

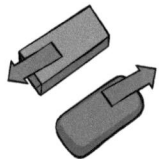

vaihtaa

ផ្លូវរើជន្លញ

raha

លុយ

dollari

ប្រាក់ដុល្លារ

euro

ប្រាក់អ៊ឺរ៉ូ

jeni

ប្រាក់យ៉ែន

rupla

ប្រាក់រូប៊ីល

frangi

ហ្វ្រង់ស៊ីស

renminbi juan

ប្រាក់យ៉ាន់

rupia

ប្រាក់រូពី

pankkiautomaatti

កន្លែងប្ររើសាច់ប្រាក់

rahanvaihto

ការិយាល័យបូ្តរប្រាក់

kulta

មាស

hopea

ប្រាក់

öljy

ប្រេង

energia

ថាមពល

hinta

តម្លៃ

sopimus

កិច្ចសនុ្យា

vero

ពនុ្ធ

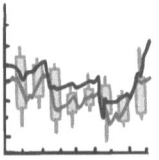

osake

ភាគហ៊ុន

työskennellä

ធ្វើការ

työntekijä

បុគ្គលិក

työnantaja

និយោជក

tehdas

រោងចក្រ

liike

ហាង

ammatit
មុខរបរ

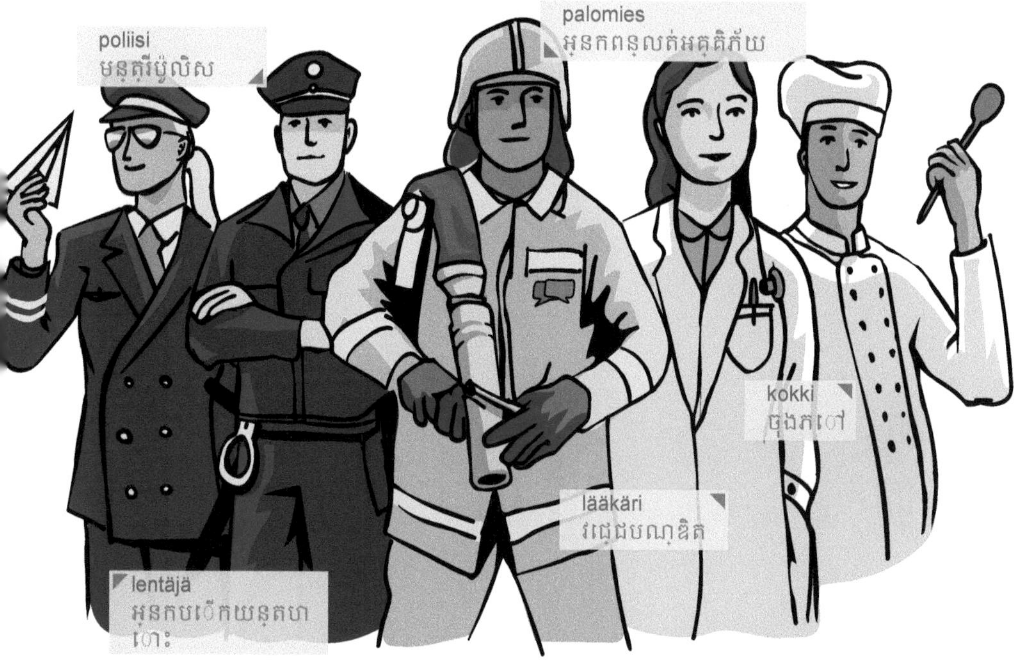
poliisi
មន្ត្រីប៉ូលិស
palomies
អ្នកពន្លត់អគ្គិភ័យ
kokki
ចុងភៅ
lääkäri
វេជ្ជបណ្ឌិត
lentäjä
អ្នកបើកយន្តហោះ

puutarhuri
អ្នកថែសួន

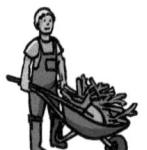

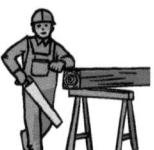

puuseppä
ជាងឈើ

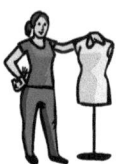

ompelija
ជាងកាត់ដេរ

tuomari
ចៅក្រម

kemisti
គីមីវិទូ

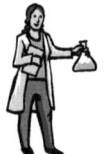

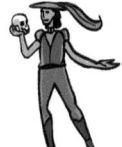

näyttelijä
តួកុន

linja-autonkuljettaja
អ្នកបើកឡានក្រុង

taksinkuljettaja
អ្នកបើកតាក់ស៊ី

kalastaja
អ្នកនេសាទ

siivooja
សុត្តិអ្នកសមុអាត

katontekijä
ជាងដំបូល

tarjoilija
អ្នករត់តុ

metsästäjä
អ្នកបរបាញ់សត្វ

maalari
វិចិត្រករ

leipuri
អ្នកដុតនំ

sähköasentaja
ជាងអគ្គីសនី

rakentaja
ជាងសំណង់

insinööri
វិស្វករ

teurastaja
អ្នកកាប់សាច់

putkiasentaja
ជាងជួសជុលទុយោរទឹក

postinjakaja
អ្នករត់សំបុត្រ

sotilas

ទាហាន

arkkitehti

ស្ថាបត្យករ

kassanhoitaja

បេឡា

floristi

អ្នកលក់ផ្កា

kampaaja

អ្នកអ៊ិតសក់

konduktööri

អ្នកយកលុយ

mekaanikko

ជាងម៉ាស៊ីន

kapteeni

កាព់ទែន

hammaslääkäri

ពេទ្យធ្មេញ

tiedemies

អ្នកវិទ្យាសាស្ត្រ

rabbi

គ្រូបង្រៀនច្បាប់សញ្ជាតិ
ជ្វីហ្វ

imaami

លោកសង្ឃយចាម

munkki

ព្រះសង្ឃយ

pappi

បព្វជិត

työkalut
ឧបករណ៍

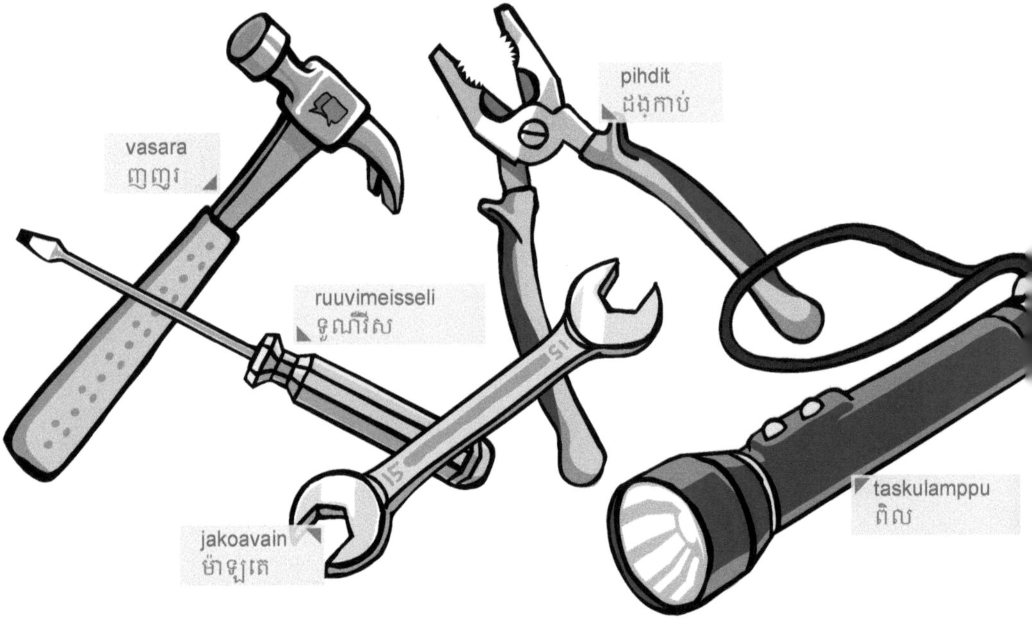
pihdit
ដង្កាប់
vasara
ញញួរ
ruuvimeisseli
ទួណឺវីស
taskulamppu
ពិល
jakoavain
ម៉ាឡេត

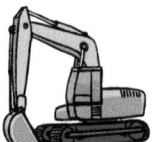

kaivinkone
ម៉ាស៊ីនជីក

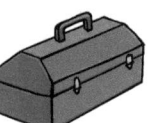

työkalupakki
ប្រអប់ឧបករណ៍

tikkaat
ជណ្តើរ

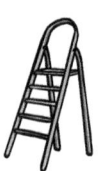

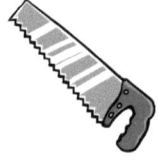

saha
រណារ

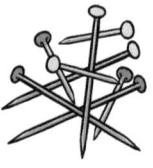

naulat
ដែកគោល

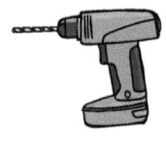

pora
ប្រដាប់ស្វាន

korjata

ជួសជុល

lapio

ប៉ែល

Hitto!

ចង្រៃ!

rikkalapio

បុរដាប់ចូកធូលី

maalipurkki

ធុងថ្នាំពណ៌

ruuvit

វីស

soittimet
ឧបករណ៍តន្ត្រី

rummut
ស្គរសុទ្ធ

kaiuttimet
ឧបករណ៍បំពងសំឡេង

kitara
ហ្គីតា

kontrabasso
ហាសពីរ

trumpetti
ត្រំប៉ែ

piano

ពុយ៉ាណូ

viulu

វីយ៉ូឡ្យង

basso

ហាស

patarummut

ស៊ុតរពោសស៊ុបកៃមុយ៉ាង

rumpu

ស៊ុតរ

kosketinsoitin

យ៉ឺបត

saksofoni

សាក់ស៊ូហ្វូន

huilu

ខ្លុយ

mikrofoni

ម៉ីក្រូហ្វូន

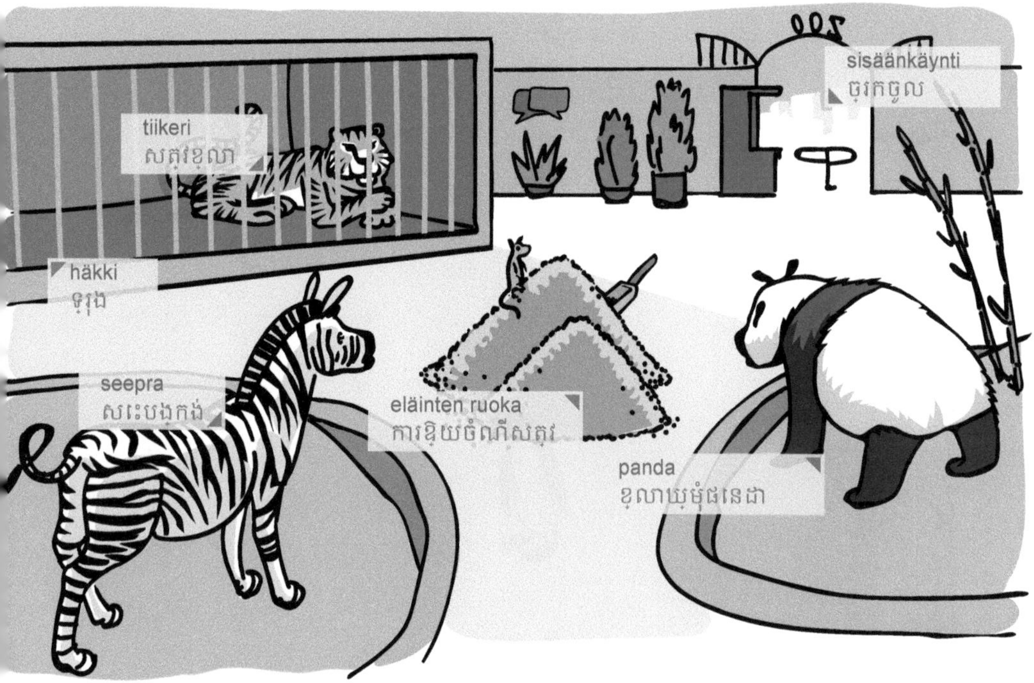

tiikeri
សត្វខ្លា

sisäänkäynti
ចូរកចូល

häkki
ទ្រុង

seepra
សរេបង់កង់

eläinten ruoka
ការខ្ទិយចំុភិសត្វ

panda
ខ្លាយម្ុផនេដា

eläimet
សត្វ

norsu
សត្វដំរី

kenguru
សត្វកង់ហុការូ

sarvikuono
សត្វរមាស

gorilla
សត្វស្វារហ្គ័រវីឡ្ញា

karhu
ខ្លាយម្ុណ្ាត្តុននោត

kameli

សត្វអូដ្ឋ

strutsi

សត្វអូទ្រាំស

leijona

សត្វតោ

apina

ស្វា

flamingo

សត្វក្រុលព្រៀល

papukaija

សកែ

jääkarhu

ខ្លាឃ្មុំកំបន់ប៉ូល

pingviini

ជនេឃ្វីន

hai

ត្រីឆ្លាម

riikinkukko

ក្ងោក

käärme

សត្វពស់

krokotiili

ក្រពើ

eläintarhanhoitaja

អ្នករក្សាសួនសត្វ

hylje

ឆ្មាទឹក

jaguaari

ខ្លារខិនមួយាង

poni

កូនសេះ

leopardi

ខ្លារខិន

virtahepo

សត្វដេីរទឹក

kirahvi

សត្វករវៃ

kotka

ពនមួរ

villisika

ជ្រូក

kala

ត្រី

kilpikonna

អណ្តើក

mursu

លហោមមចុចា

kettu

កញ្ជ្រោង

gaselli

ក្ដាន់

amerikkalainen jalkapallo
កីឡាហាល់ទាត់អាមេរិក

pyöräily
ការបររណ្តាំងកង់

tennis
កីឡាថេននីស

koripallo
កីឡាហាល់បបោះ

uinti
កីឡាហែលទឹក

jääkiekko
កីឡាវាយកូនមាល់លេវើទឹក
កក

nyrkkeily
កីឡាប្រដាល់

jalkapallo
កីឡាហាល់ទាត់

sulkapallo
កីឡារ៉ាកែយេសី

yleisurheilu
អត្តពលកម្ម

käsipallo
កីឡាហាល់កាន់

hiihto
ការជិះស្គី

poolo
ប៉ូឡូ

aktiviteetit
សកម្មភាពនានា

nauraa
សើច
hypätä
លោត
halata
ឱប
kävellä
ដើរ
laulaa
ច្រៀង
unelmoida
សុបិន្ត
rukoilla
អធិស្ឋាន
suudella
ថើប

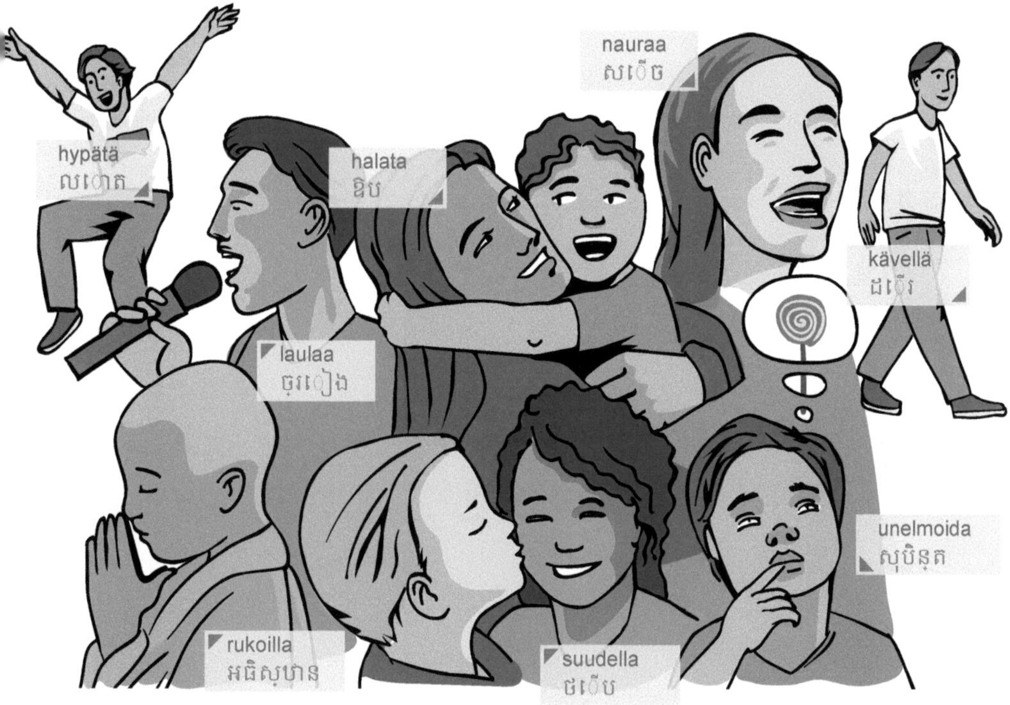

kirjoittaa

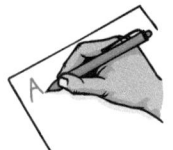

សរសេរ

piirtää

គូរ

näyttää

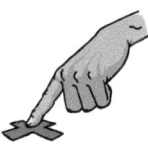

បង្ហាញ

painaa

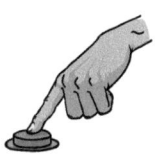

រុញ

antaa

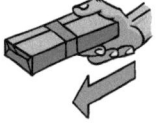

ឲ្យ

ottaa

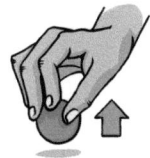

យក

omistaa

មាន

tehdä

ធ្វើ

olla

គឺ

seisoa

ឈរ

juosta

រត់

vetää

ទាញ

heittää

បោះ

kaatua

ដួលាក់

maata

កុហាក

odottaa

រង់ចាំ

kantaa

យួរ

istua

អង្គុយ

pukeutua

ស្លៀកពាក់

nukkua

ដេក

herätä

ភ្ញាក់ឡ្បើង

aktiviteetit - សកម្មភាពនានា

katsoa

មើល

itkeä

យំ

silittää

គូសរាស

kammata

សិតសក់

puhua

និយាយ

ymmärtää

យល់

kysyä

សួរ

kuunnella

ស្ដាប់

juoda

ជឹក

syödä

បរិភោគ

siivota

សម្អាត

rakastaa

សុរលាញ់

keittää

ចម្អិន

ajaa

បើកបរ

lentää

ហោះ

purjehtia

ចែកទូក

laskea

គណនា

lukea

អាន

oppia

រៀន

työskennellä

ធ្វើការ

mennä naimisiin

រៀបការ

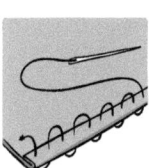

ommella

ដេរ

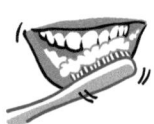

pestä hampaat

ដុសធ្មេញ

tappaa

សម្លាប់

tupakoida

ជក់

lähettää

ផ្ញើ

perhe
ក្រុមគ្រួសារ

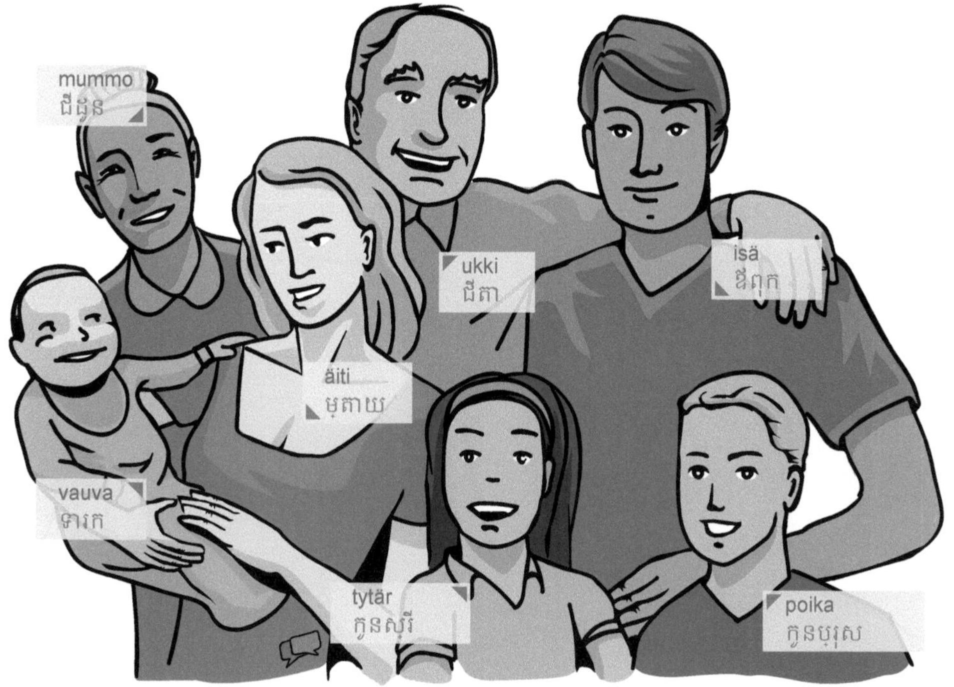
mummo
ជីដូន
ukki
ជីតា
isä
ឪពុក
äiti
ម្តាយ
vauva
ទារក
tytär
កូនស្រី
poika
កូនប្រុស

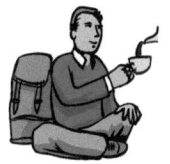

vieras
ភ្ញៀវ

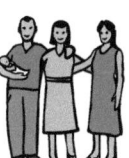

täti
មីង

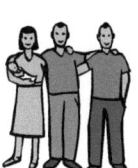

setä
ពូ

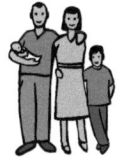

veli
បងប្អូនប្រុស

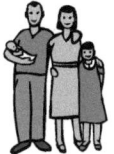

sisko
បងប្អូនស្រី

vartalo
រាងកាយ

otsa
ថ្ងាស
silmä
ភ្នែក
olkapää
ស្មា
sormet
ម្រាមដៃ
kasvot
មុខ
leuka
ចង្កា
käsi
ដៃ
jalka
ជើង
rinta
សុដន់
käsivarsi
ដៃ

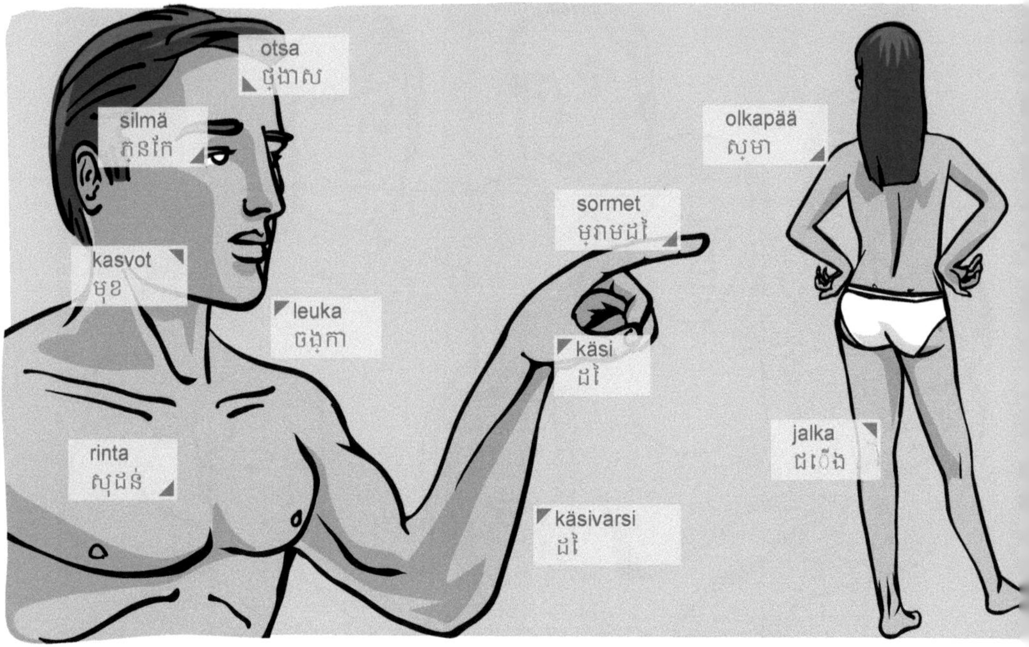

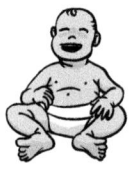

vauva
ទារក

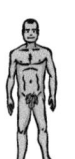

mies
បុរស

nainen
ស្ត្រី

tyttö
ក្មេងស្រី

poika
ក្មេងប្រុស

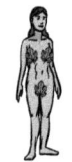

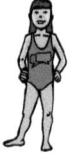

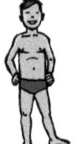

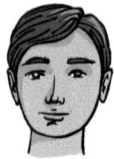

pää
ក្បាល

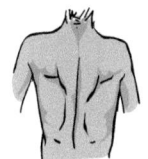

selkä

ខ្នង

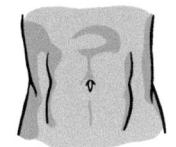

maha

ពោះ

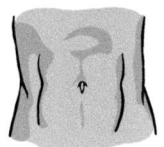

napa

ផ្ចិត

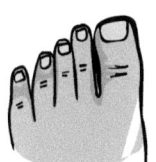

varvas

ម្រាមជើង

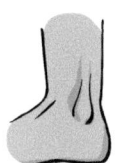

kantapää

កែងជើង

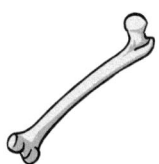

luu

ឆ្អឹង

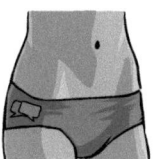

lantio

គូថគាក

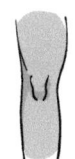

polvi

ជង្គង់

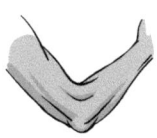

kyynärpää

កែងដៃ

nenä

ច្រមុះ

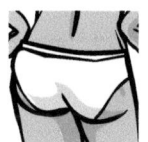

takapuoli

គូទ

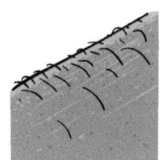

iho

ស្បែក

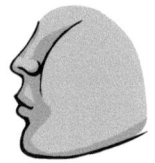

poski

ថ្ពាល់

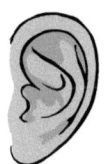

korva

ត្រចៀក

huuli

បបូរមាត់

suu

មាត់

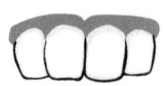

hammas

ធ្មេញ

kieli

អណ្ដាត

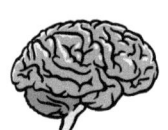

aivot

ខួរក្បាល

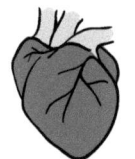

sydän

បេះដូង

lihas

សាច់ដុំ

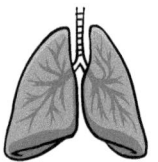

keuhkot

សួត

maksa

ថ្លើម

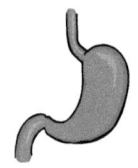

vatsa

ក្រពះ

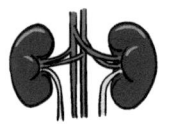

munuaiset

តម្រងនោម

seksi

ការរួមភេទ

kondomi

ស្រោមអនាម័យ

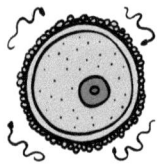

munasolu

អូវុល

sperma

ទឹកកាម

raskaus

ការមានផ្ទៃពោះ

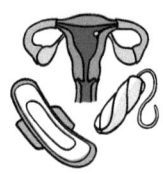

kuukautiset

មករដូវ

vagina

ទ្វារមាស

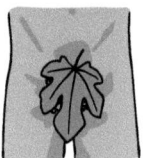

penis

លិង្គ

kulmakarvat

ចិញ្ចើម

hiukset

សក់

niska

ក

sairaala
មន្ទីរពេទ្យ

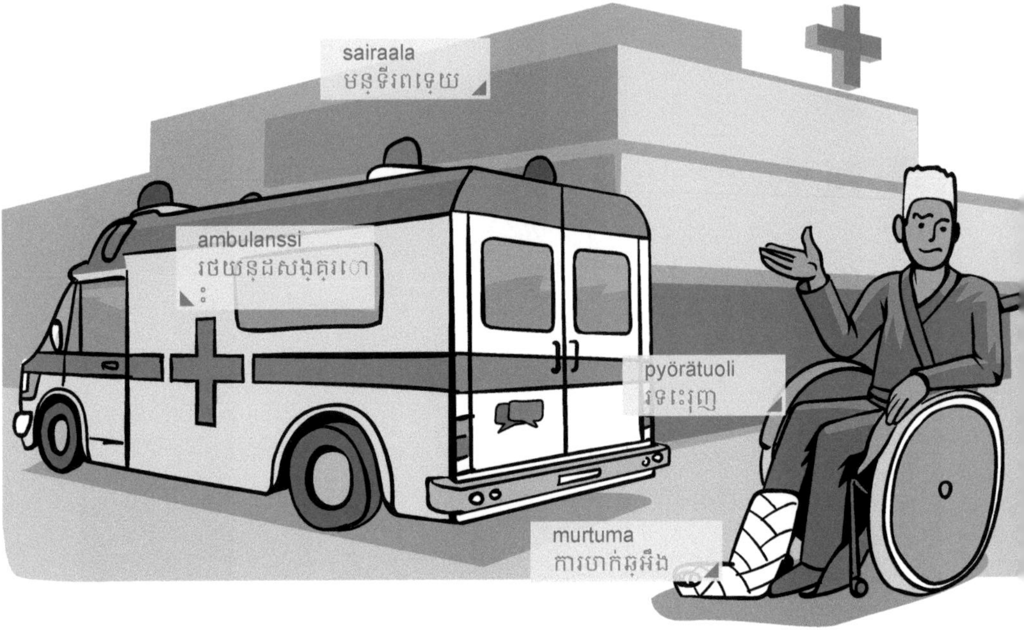

sairaala
មន្ទីរពេទ្យ
ambulanssi
រថយន្តសង្គ្រោះ
pyörätuoli
រទេះរុញ
murtuma
ការបាក់ឆ្អឹង

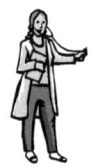

lääkäri
វេជ្ជបណ្ឌិត

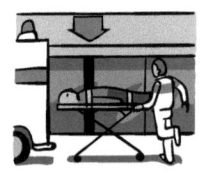

ensiapu
បន្ទប់សង្គ្រោះបន្ទាន់

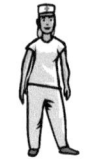

sairaanhoitaja
គិលានុបដ្ឋាយិកា

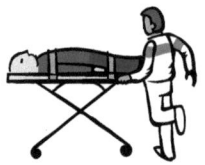

hätätilanne
សង្គ្រោះបន្ទាន់

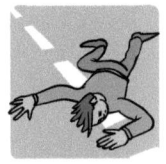

tajuton
សន្លប់

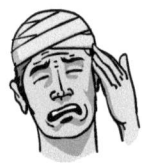

kipu
ការឈឺចាប់

vamma

ការរងរបួស

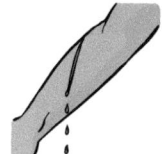

verenvuoto

ការហូរឈាម

sydänkohtaus

គាំងបេះដូង

aivoinfarkti

ជម្ងឺដាច់សរសៃឈាមក្នុងក្បាល

allergia

អាលែកហ្ស៊ី

yskä

ក្អក

kuume

ជម្ងឺគ្រុន

flunssa

ជម្ងឺផ្តាសាយ

ripuli

ជម្ងឺរាគរូស

päänsärky

ឈឺក្បាល

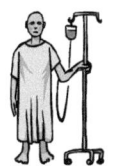

syöpä

ជម្ងឺមហារីក

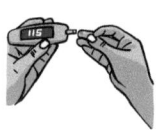

diabetes

ជម្ងឺទឹកនោមផ្អែម

kirurgi

គ្រូពេទ្យវះកាត់

veitsi

កាំបិតវះកាត់

leikkaus

ប្រតិបត្តិការ

ct

CT

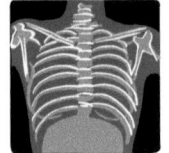

röntgen

កាំរស្មីអ៊ិច

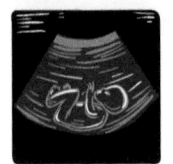

ultraääni

អេកូ

maski

របាំងមុខ

sairaus

ជំងឺ

odotushuone

បន្ទប់រង់ចាំ

sauva

ឈើច្រត់

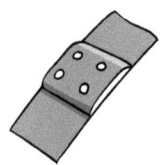

laastari

បង់រុំមុនាងសិលា

side

បង់រុំ

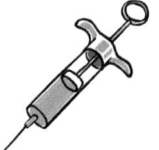

pistos

ការចាក់ថ្នាំ

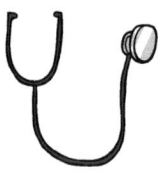

stetoskooppi

ស្តេតូស្កុប

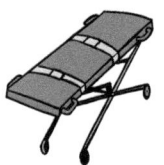

paarit

សូនដែករបួស

kuumemittari

ទែម៉ូម៉ែត្រពេទ្យហាល

syntymä

កំណើត

ylipaino

លើសទម្ងន់

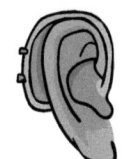

kuulolaite

ឧបករណ៍ជំនួយការស្តាប់

desinfiointiaine

សារធាតុសម្លាប់មេរោគ

infektio

ការឆ្លងមេរោគ

virus

មេរោគ

HIV / AIDS

មេរោគអេដស៍ / ជំងឺអេដស៍

lääke

ថ្នាំពេទ្យ

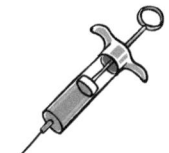

rokotus

ការចាក់ថ្នាំបង្ការ

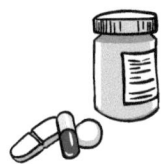

tabletit

ថេប្លេទិត

pilleri

ថ្នាំគ្រាប់

hätäpuhelu

ការហៅពេលអាសន្ន

verenpainemittari

ឧបករណ៍គិនិតុយសមុពាធ
ឈាម

sairas / terve

ឈឺ / មានសុខភាពល្អ

Apua!

ជំនួយ!

hälytys

សំឡេងរោទ៍

ryöstö

ការវាយលុក

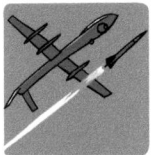

hyökkäys

ការវាយប្រហារ

vaara

គ្រោះថ្នាក់

hätäuloskäynti

ចូរកចេញគ្រោះអាសន្ន

Tulipalo!

អគ្គិភ័យ!

palosammutin

បំពង់ពន្លត់អគ្គិភ័យ

onnettomuus

គ្រោះថ្នាក់

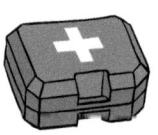

ensiapulaukku

ឧបករណ៍ជំនួយបឋម

SOS

SOS

poliisilaitos

ប៉ូលិស

Eurooppa

អឺរុប

Pohjois-Amerikka

អាមរិកខាងជជេើង

Etelä-Amerikka

អាមរិកខាងតួបួង

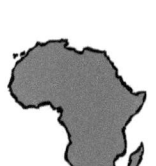

Afrikka

អាហ្ការិក

Aasia

អាសី

Australia

អូស្ត្រាលី

Atlantin valtameri

អាតុលង់ទិច

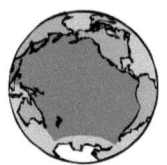

Tyynimeri

ប៉ាសីហ្គិក

Intian valtameri

មហាសមុទ្រឥណ្ឌា

Eteläinen jäämeri

មហាសមុទ្រអង់តាក់ទិច

Pohjoinen jäämeri

មហាសមុទ្រអាកទិច

pohjoisnapa

ប៉ូលខាងជជេើង

etelänapa

ប៉ូលខាងត្បូង

Antarktis

អង់តាកទិក

maa

ផែនដី

maa

ដីគោក

meri

សមុទ្រ

saari

កោះ

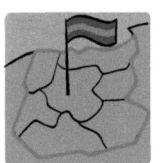

kansa

ប្រទេសជាតិ

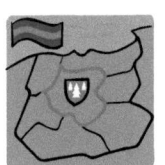

osavaltio

រដ្ឋ

kellotaulu

មុខនាឡិកា

tuntiviisari

ទ្រនិចម៉ោង

minuuttiviisari

ទ្រនិចនាទី

sekuntiviisari

ទ្រនិចវិនាទី

Paljonko kello on?

ម៉ោងប៉ុន្មាន?

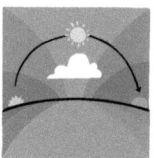

päivä

ថ្ងៃ

aika

ពេលវេលា

nyt

ឥឡូវនេះ

digitaalikello

នាឡិកាឌីជីថល

minuutti

នាទី

tunti

ម៉ោង

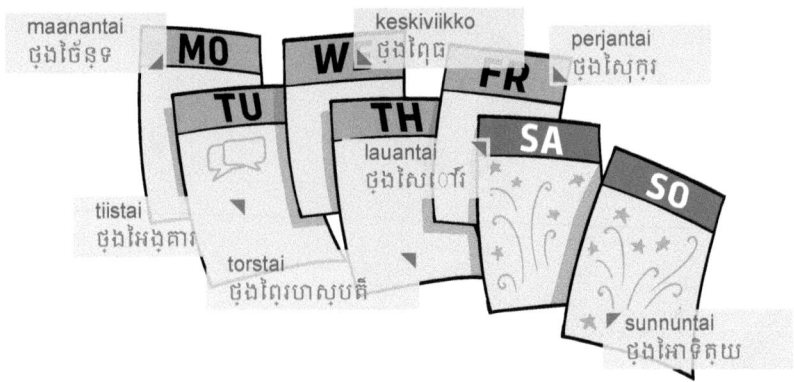

maanantai
ថ្ងៃចន្ទ

keskiviikko
ថ្ងៃពុធ

perjantai
ថ្ងៃសុក្រ

tiistai
ថ្ងៃអង្គារ

torstai
ថ្ងៃព្រហស្បតិ៍

lauantai
ថ្ងៃសៅរ៍

sunnuntai
ថ្ងៃអាទិត្យ

eilen
ម្សិលមិញ

tänään
ថ្ងៃនេះ

huomenna
ថ្ងៃស្អែក

aamu
ព្រឹក

keskipäivä
ថ្ងៃត្រង់

ilta
ល្ងាច

MO	TU	WE	TH	FR	SA	SU
1	2	3	4	5	6	7
8	9	10	11	12	13	14
15	16	17	18	19	20	21
22	23	24	25	26	27	28
29	30	31	1	2	3	4

työpäivät
ថ្ងៃធ្វើការ

MO	TU	WE	TH	FR	SA	SU
1	2	3	4	5	6	7
8	9	10	11	12	13	14
15	16	17	18	19	20	21
22	23	24	25	26	27	28
29	30	31	1	2	3	4

viikonloppu
ចុងសប្ដាហ៍

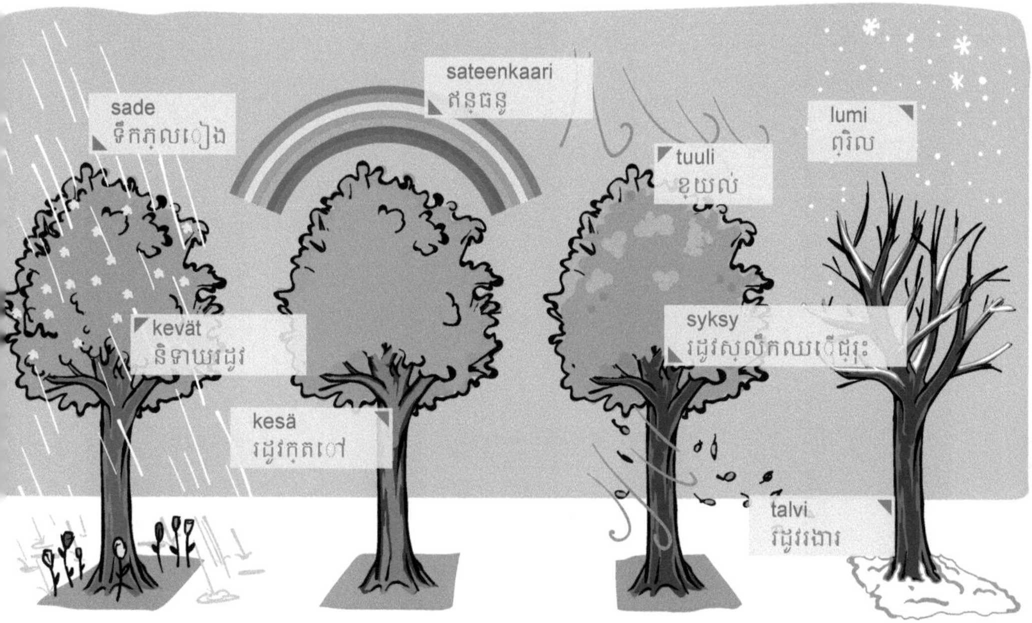

sade
ទឹកភ្លៀង
sateenkaari
ឥន្ទធនូ
lumi
ព្រិល
tuuli
ខ្យល់
kevät
និទាឃរដូវ
syksy
រដូវស្លឹកឈើជ្រុះ
kesä
រដូវក្តៅ
talvi
រដូវរងារ

4.APRIL 11°
5.APRIL 4°
6.APRIL 13°
7.APRIL 8°
8.APRIL 10°

sääennuste

ការព្យាករណ៍អាកាសធាតុ

F C
120 90 60 30 0 -30
40 30 20 10 0 -10 -20

lämpömittari

ទែរម៉ូម៉ែត្រ

auringonpaiste

ពន្លឺថ្ងៃ

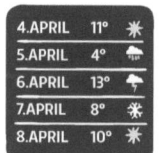

pilvi

ពពក

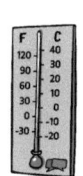

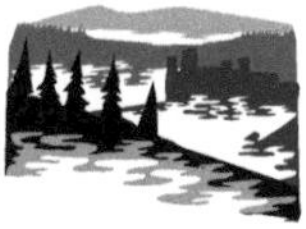

sumu

អ័ព្ទ

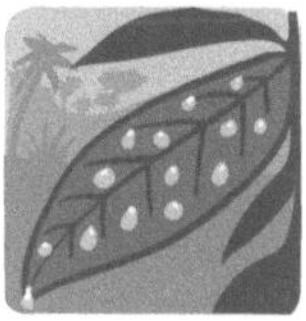

ilmankosteus

សំណើម

salama

នន្ទះ

ukkonen

ផ្គរ

myrsky

ព្យុះ

rae

ព្រិល

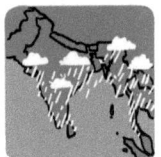

monsuuni

ខយល់មូសុង

tulva

ទឹកជំនន់

jää

ទឹកកក

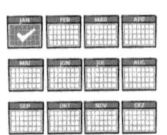

tammikuu

ខែមករា

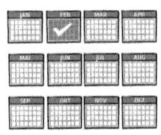

helmikuu

ខែកុម្ភៈ

maaliskuu

ខែមីនា

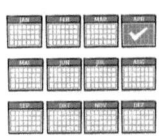

huhtikuu

ខែមេសា

toukokuu

ខែឧសភា

kesäkuu

ខែមិថុនា

heinäkuu

ខែកក្កដា

elokuu

ខែសីហា

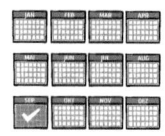

syyskuu

ខែកញ្ញា

lokakuu

ខែតុលា

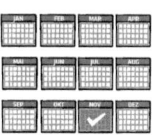

marraskuu

ខែវិច្ឆិកា

joulukuu

ខែធ្នូ

muodot
រាង

ympyrä

រង្វង់

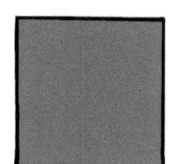

neliö

ការ៉េ

suorakulmio

ចតុកោណកែង

kolmio

ត្រីកោណ

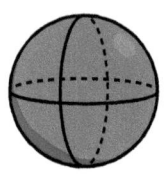

pallo

ស្វ៊ែរ

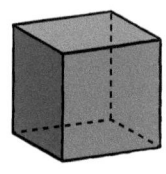

kuutio

គូប

valkoinen

ពណ៌ស

keltainen

ពណ៌លឿង

oranssi

ពណ៌ទឹកក្រូច

vaaleanpunainen

ពណ៌ផ្កាឈូក

punainen

ពណ៌ក្រហម

violetti

ពណ៌ស្វាយ

sininen

ពណ៌ខៀ្យវ

vihreä

ពណ៌បៃតង

ruskea

ពណ៌ទឹកក្រូច

harmaa

ពណ៌ប្រផេះ

musta

ពណ៌ខ្មៅ

paljon / vähän
ច្រើន / តិចតួច

vihainen / ystävällinen
ខឹង / គួរជាកិចិត្ត

kaunis / ruma
សូរស់សុអាត / អាក្រក់

alku / loppu
ចាប់ផ្ដើម / បញ្ចប់

suuri / pieni
ធំ / តូច

vaalea / tumma
ភ្លឺ / ងងឹត

veli / sisko
បងប្អូនបុរស / បងប្អូនស្រី

puhdas / likainen
សុអាត / កខ្វក់

täydellinen / epätäydellinen
ពេញលេញ / មិនពេញលេញ

päivä / yö
ថ្ងៃ / យប់

kuollut / elävä
សុលាប់ / នៅរស់

leveä / kapea
ធំទូលាយ / តូចចង្អៀត

syötävä / syömäkelvoton

អាចបរិភោគបាន/
មិនអាចបរិភោគបាន

paha / kiltti

ចិត្តអាក្រក់/ចិត្តល្អ

innostunut / tylsistynyt

ការរំភើប/អផ្សុក

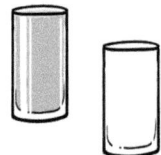

lihava / laiha

ធាត់/ស្គម

ensimmäinen / viimeinen

ដំបូង/ចុងក្រោយ

ystävä / vihollinen

មិត្តភក្តិ/សត្រូវ

täysi / tyhjä

ពេញ/ទទេ

kova / pehmeä

រឹង/ទន់

painava / kevyt

ធ្ងន់/ស្រាល

nälkä / jano

ភាពអត់ឃ្លាន/
ការស្រេកឃ្លាន

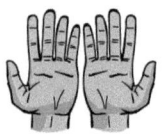

sairas / terve

ឈឺ/មានសុខភាពល្អ

laiton / laillinen

ខុសច្បាប់/ត្រូវច្បាប់

älykäs / tyhmä

ឆ្លាតវៃ/ឆ្កួត

vasen / oikea

ឆ្វេង/ស្តាំ

lähellä / kaukana

ជិត/ឆ្ងាយ

uusi / käytetty

ថ្មី / ហានបុរេ៑ី

ei mitään / jotain

គ្មានអ្វីសោះ / អ្វីម្យ

vanha / nuori

ចាស់ / ក្មេង

päällä / pois päältä

បេ៑ើក / បិទ

auki / kiinni

បេ៑ើក / បិទ

hiljainen / äänekäs

ស្ងប់ស្ងាត់ / ពុខលាំង

rikas / köyhä

មាន / ក្រ

oikein / väärin

ត្រូវ / ខុស

karhea / sileä

គ្រេ៑ើម / រលេ៑ោង

surullinen / iloinen

ពិហាកចិត្ត / សប្បាយចិត្ត

lyhyt / pitkä

ខ្លី / វែង

hidas / nopea

យឺត / លឿ៑ន

märkä / kuiva

សេ៑ើម / ស្ងួត

lämmin / viileä

ក្ដៅ / ត្រជាក់

sota / rauha

សង្រ្គាម / សន្តិភាព

0

nolla
សូន្យ

1

yksi
មួយ

2

kaksi
ពីរ

3

kolme
បី

4

neljä
បួន

5

viisi
ប្រាំ

6

kuusi
ប្រាំមួយ

7

seitsemän
ប្រាំពីរ

8

kahdeksan
ប្រាំបី

9

yhdeksän
ប្រាំបួន

10

kymmenen
ដប់

11

yksitoista
ដប់មួយ

12

kaksitoista

ដប់ពីរ

13

kolmetoista

ដប់បី

14

neljätoista

ដប់បួន

15

viisitoista

ដប់ប្រាំ

16

kuusitoista

ដប់ប្រាំមួយ

17

seitsemäntoista

ដប់ប្រាំពីរ

18

kahdeksantoista

ដប់ប្រាំបី

19

yhdeksäntoista

ដប់ប្រាំបួន

20

kaksikymmentä

ម្ភៃ

100

sata

រយ

1.000

tuhat

ពាន់

1.000.000

miljoona

លាន

englanti
អង់គ្លេស

amerikanenglanti
អង់គ្លេសអាមេរិក

mandariinikiina
ចិនកុកងឺ

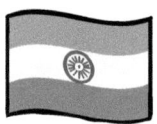

hindi
ហិណ្ឌូ

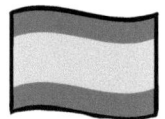

espanja
អេស្ប៉ាញ

ranska
ហារាំង

arabia
អារ៉ាប់

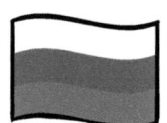

venäjä
រុស្សី

portugali
ព័រទុយហ្គាល់

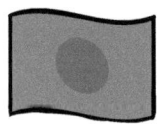

bengali
បង់ក្លាដេស

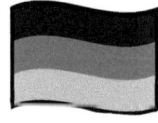

saksa
អាល្លឺម៉ង់

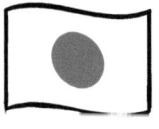

japani
ជប៉ុន

minä
ខ្ញុំ

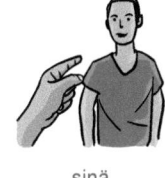

sinä
អ្នក

hän
គាត់ / នាង / វា

me
យើង

te
អ្នក

he
ពួកគេហោន

kuka?
នរណា?

mitä / mikä?
អ្វី?

miten?
របៀបណា?

missä?
កន្លែងណា?

milloin?
ពេលណា?

nimi
ឈ្មោះ

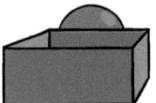

takana

ពីក្រោយ

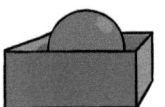

sisällä

ក្នុង

edessä

ពីមុខ

yläpuolella

ពីលើ

päällä

នៅលើ

alapuolella

នៅក្រោម

vieressä

នៅក្បែរ

välissä

រវាង

paikka

កន្លងដៃ